U0112073

大展好書　好書大展
品嘗好書　冠群可期

大展好書　　好書大展

品嘗好書　　冠群可期

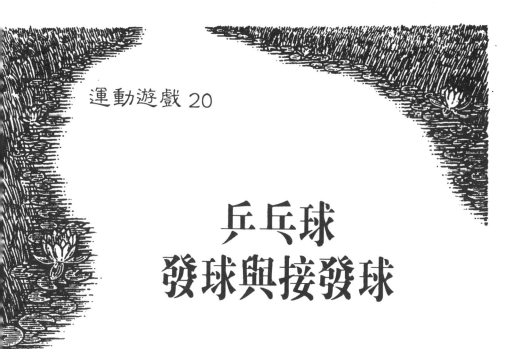

運動遊戲 20

乒乓球
發球與接發球

張良西／著

大展出版社有限公司

序

　　乒乓球運動是中國在國際體壇上領先的運動專案之一，又有「國球」之稱。在近半個世紀裡，乒乓球運動能夠保持長盛不衰的優勢，是因爲國內有一批勤於探索和樂於奉獻的乒乓專業人才。他們不斷轉變乒乓球教學與訓練觀念，改進技術戰術，更新器材和打法，從而推動了我國乒乓球運動不斷持續和穩定地發展。

　　當今的乒乓球運動越來越向著旋轉強、力量大、速度快、變化多、對抗質量高的方向發展。這種發展趨勢對運動員的身體能力、心理素質和技、戰術水平提出了更高的要求。

　　作者正是從這一視角出發，在總結自己 40 多年比賽、訓練和教學實踐的基礎上，編寫了《發球與接發球》一書。書中對發球與接發球技術諸多方面的論述富有一定的指導意義，是一本有價值的訓練與教學讀物。

　　本書作者張良西是我的朋友，60 年代我們同爲吉林省乒乓球隊的隊員。以後我做了國家隊的教

練，他亦執敎於吉林乒乓球隊。共同的事業使我們
有共同的志向和目標，那就是爲了乒乓球運動的發
展傾注我們的熱情、才智和心血。

祝本書編寫出版成功。

許紹發

2001 年 5 月於北京

目　錄

發球、接發球技術的發展概況

　　發球與接發球技術是乒乓球運動中非常重要的技術，在乒乓球各項技術中佔有極其重要的位置。比賽中高質量的發球可以控制對手，為自己進攻創造條件，甚至可以直接得分；而高質量的接發球同樣可以抑制對手搶攻，變被動為主動並搶先得手。

　　在乒乓球運動中，接與發這一對矛盾的相互制約和相互推動，促使發球與接發球技術不斷得以改進和提高，使乒乓球比賽更加精彩和更具觀賞性。

　　瞭解發球、接發球技術發展概況，有助於掌握現階段發球、接發球技術，並在此基礎上發展創新。

　　乒乓球運動創始於 19 世紀後半葉的英國，是由網球運動派生而來，並從擊球時所發出的聲音而得名。其英文名稱為「Table Tennis」，即桌上網球，且沿用至今。

　　當時的乒乓球在發球時，可將球先發到對方臺面，亦可把球先發到本方臺面，再跳至對方臺面。當然，現在乒乓球規則明確規定：發球時，先將球發到本方臺面、再跳到對方臺面。當時，所用器材也和今天大不一樣。球拍是半公長公尺心的，用羊皮紙貼成，形狀為長

柄橢圓形。為了不損壞木桌，在橡膠或實心球外包一層輕而結實的毛線，近似於當今的網球。

當時使用的球臺與現在的也有所不同，球臺較窄，為 146.4 公分（現在是 152.57 公分），球網高 17 公分（現在是 15.25 公分）。受上述器材條件的限制，乒乓球技術還不可能有大的發展，也就不可能發出有一定速度和旋轉質量的球。

大約在 1890 年，有位名叫詹姆斯·吉布的英格蘭人到美國旅行時，偶然發現了一種用賽璐珞製成的空心玩具球，彈力很強，於是，他將這種球稍加改進後，逐步在英國和世界各地推廣起來。

由於球質的改變導致了球在彈跳、球體和球速等方面都發生了極大的變化，從而將乒乓球技術向前推進了一大步。可見運動器材的改革與創新，對乒乓球運動起到了本質推動的作用。

從 1926～1951 年這 25 年間，共舉行了 18 屆世界乒乓球賽。運動員大多使用的是膠皮顆粒膠球拍，其特點是彈性小，易掌握，有一定的磨擦力，可使球產生一定的旋轉，但旋轉強度遠不如當今使用的反膠海綿拍和正膠海綿拍。

1952 年，日本人在世界乒乓球賽上中使用海綿球拍，發出旋轉較強、速度較快的球，並採用全攻打法，對歐洲削球打法所構成的防線產生了較大衝擊。

海綿拍最早見於 1951 年的第 18 屆世界乒乓球賽

上，由一名澳大利大學生使用。此後日本人對其進行了
改革，他們將海綿變軟並創新發球、接發球及進攻型打
法技術。從此，日本人和中國人將發球、接發球由單一
的膠皮拍下旋發球和用削、搓方法的回接，發展到反、
正手發直、斜線球相互配合，旋轉較強烈的側上、側下
旋球。

在發球的落點上也配有直、斜線，長、短球。在反
手發球的技術動作上，日本人為了加大發球時的用力，
發球時，加大引拍幅度，突然轉腰用力，從而提高發球
質量。接發球方法也由原來「千篇一律」的削接、搓接
發展為攻、推、搓、拉等多種方法，增大回球速度、力
量及旋轉變化。

1959 年，中國選手容國團在第 25 屆世界乒乓球賽
上，直握正膠海綿球拍，用相似的手法發出側上、側
下、下旋和不轉球，配合較全面的基本技術，連闖七
關，獲得新中國成立後體育史上的第一個世界冠軍。

1961 年第 26 屆世界乒乓球賽上，中國選手莊則棟
直握正膠海綿球拍，以反手發上、下旋的長短球為主，
配合兩面攻打法連續獲得第 26、27 和 28 屆世界乒乓球
賽冠軍。

中國另一位優秀選手李富榮，直握正膠海綿球拍，
站在側身位，以發正手側上、下旋球為主，發球後，結
合正手單面搶攻，連續獲得第 26、27 和 28 屆世界乒乓
球賽男子單打亞軍，也是連續三屆獲男子團體冠軍的主

力隊員之一。

當時，日本隊屬世界乒壇勁旅，一批頂尖選手以動作較大，充分發揮轉腰、擺臂、手腕用力摩擦的反手發球為主，配合弧圈球搶攻技術打法，取得了輝煌戰績。在第 28 屆世界乒乓球賽後，日本曾發明創新了「下蹲式」合力發球，這種發球由於受合力影響，旋轉較強烈，有較大的威脅。

第 28 屆世界乒乓球賽後，國際乒聯修改規則，認定合力球不符合規則要求，故此種發球也就「曇花一現」。當時也曾淘汰了一批以合力發球為「絕招」的運動員。但「下蹲式」發球做為一種發球技術，至今仍有人在使用，不過其方法已符合規則要求。

1964 年，高拋發球問世。70 年代在國際乒壇上有發球「魔術師」之稱的中國優秀選手許紹發，將高拋發球創新發展，能夠站在同一個位置上用相似的動作發出長、短球和上、下旋球，並能產生較人幅度的側拐。據許紹發本人講，在參加世界乒乓球賽中，發球和發球搶攻的得分率最高可占總得分的 70%。

二十世紀 70～80 年代是乒乓球發球、接發球技術迅猛發展的階段。高拋發球很快被世界各國運動員普遍採用，並且有所創新和發展。

瑞典著名選手瓦爾德內爾的高拋發球，可用極相似的手法發出旋轉反差較大的轉與不轉球，再配全發球搶攻，給對手造成極大的威脅。從而成為瓦爾德內爾的主

要得分手段。

中國著名女選手、女單世界冠軍獲得者曹燕華，在正手高拋發球基礎上，創新發展了反手高拋發球，可發直、斜線，長、短和上、下旋球，且速度快、變化多。

男單世界冠軍獲得者郗恩庭，也可用極相近的手法發出旋轉反差很大的轉和不轉球，特別是他在發球時，能充分、靈活地發揮手指用力作用，堪稱「一絕」。

「道高一尺，魔高一丈」。隨著發球技術的不斷進步，接發球技術也相應發展和提高，接發球的方法逐漸多樣化，只要是出臺或半出臺的球都要被點、拉、沖、吊。在回接臺內球上，為制約對方發球搶攻技術的發揮，接發球者逐漸增加回接難度。

如由單一地搓接、推接，發展到回接球速度快、落點刁、旋轉強的快速挑接對方大角度；加轉快擺短球；加轉劈搓長球到對方大角度底線；用身體虛晃做假動作，撇接側旋。

總之，乒乓球運動發展到目前的階段，發球、接發球技術質量越來越高，方法和手段靈活多樣，難度也相應增大。這種相互間的促進與提高，已使發球與接發球技術發展到一個新的高度。

發球、接發球技術的發展特點及趨勢

一、發球技術的發展特點及趨勢

當前乒乓球發球技術的發展特點及趨勢主要是：

多以側身發球為主，突出正手（包括側身）搶攻。此種發球的特點是：

站在側身位，容易發出斜線大角度球，再配合發出直線球加以牽制，有利於將對手鎖在中間，並有利於正手搶攻。發球時，站在側身位，就為正手搶攻讓出較大空間，不必再移動步法來勉強搶攻側身位球。

目前，國內外運用此種站位發球的運動員最多。一大批國際乒乓球壇高手多使用側身站位，用以正手發球後搶攻的戰術打法。雖然在開始發球的站位和準備姿勢上基本相似，但發球的套路和速度、旋轉和落點卻是千變萬化。也有少數運動員使用反手發球，配合兩面搶拉，但從目前來看，使用反手發球者越來越少。

當今使用反手發球的優秀運動員應屬克羅地亞選手普里莫拉茨，他常站在球臺偏中位置，反手發球後運用凌厲的反手搶攻頻頻得分。中國女子優秀選手李菊，採用反手發至對方反手位或正手位的上、下旋長、短球，

配合兩面搶拉弧圈球，也頗具威脅。

從發球性能上看呈現出以下兩種趨勢：

一種是以速度、落點為主配合旋轉，發球出手動作很快，而且落點嚴格，長球則長，短球則短，或者是近似出臺卻又未出臺的短球。

另一種是以旋轉反差為主，配合落點和速度變化，而發球動作又很相似。

但有兩種情況應當引起重視，一是有些運動員站在反手位使用正手高拋發球，落點皆以短球為主，缺少高質量的長球加以配合，這就顯得以發短球為主進行搶攻戰術的打法單一，對方接發球時，只注意短球，看清旋轉變化後，即能控制住發球者搶攻。

二是大部分運動員，能結合各自的打法和技、戰術的特點，以發短球為主比較成熟，而以發速度快的長球為主，配合旋轉、落點變化的戰術套路則顯得太少，也不夠成熟。其主要原因：

第一是發長球的質量不高，造成被動挨打，如長球發的速度不夠快，而長球的主要特點就是速度快、落點刁、旋轉反差大。在速度、落點上要利用隱蔽的手法，瞬間的快速出手，制約對方側身搶攻或撲正手搶拉，如達不到上述目的至少也應使對方回接球的質量不高，然後形成有利的主動進攻或相持。

第二是有畏懼弧圈球心理。發長球後，被對方搶拉弧圈球回接形成相持，而自己又缺乏第三板後的蓋打、

撥壓及反帶的實力，所以產生恐懼心理，而不敢發長球。

二、接發球技術的發展特點及趨勢

隨著發球技術的日趨高質量，對接發球技術質量也提出了更高的要求，其大體的發展特點和趨勢是：

力爭積極主動，改變單純求穩意識，能挑的則挑，能撇的則撇，能攻的堅決要攻，儘量少用穩搓回接。

目前，接發球搶攻的使用率和命中率越來越高，接對方短球可用快點，接對方長球和半出臺球可搶攻或搶沖。

用拉（包括小上旋和弧圈球）、撥或挑、擺短、劈長等方法回接對方來球，同時要最大限度地增強難度回至對方弱點處，儘量做到速度快、落點刁，避免慢托接球被對方搶攻。

綜上所述，發球技術將在最大限度地提高發球速度、旋轉和落點質量的基礎上，加強相近手法的隱蔽動作，並將兩種以上的屬於同一類別的發球進行科學合理組合、配套成龍加以運用，進而增強發球的威脅。

而接發球技術則在提高點、拉、搓、撥、撇等技術質量的基礎上，使接發球方法多樣化，以加大對手回接球的難度，力爭更加積極主動。

發球與接發球

發球、接發球技術特點及作用

一、發球技術特點及作用

發球是比賽的開始，也是乒乓球技術中惟一不受對方來球制約和限制的技術。可以憑自己主觀意志最大限度地施展自己的戰術意圖，發出任何線路、落點、速度、旋轉及弧線的球。

在比賽中發球可以直接得分；可以為發球搶攻創造條件，利於自己技術風格和特長的發揮，破壞對方的戰術，限制對方技術特長的發揮；可以造成對方的心理恐懼，增強自己的勝利信心，並穩定自己比賽時的情緒。

顯然，發球具有極強的主動性，它不存在對來球的判斷與反應等問題。所以，它又是在訓練中最有潛力可挖的一項技術。

二、接發球技術特點及作用

接發球是比賽中每一分的第二板球，是一項在被動中求主動的技術，它不僅要求運動員掌握多種實用的基本技術，具備良好的判斷能力、調整能力和手上感覺，

而且還必須貫徹積極主動的指導思想。

　　乒乓球的比賽是雙方以發球和接發球開始的，每一局比賽接發球的機會與發球機會相同，大約 15～20 次。比賽中如接發球不好，除直接失分外，同時還會使自己的技、戰術無法發揮，造成心理上的緊張和畏懼，乃致全局失敗。

　　反之，若能做到得心應手地回擊對手的發球，則可能取得完全相反的結果。

　　一般來說，接發球是處於被動地位，不如發球能夠充分發揮主動權，所以，接發球技術掌握起來就更加困難。正因為如此，接發球技術在訓練中更應當給予高度的重視。

發球技術

　　一次有質量的發球應該是：時間短促、手法隱蔽、方向難辨、旋轉強烈、出球突然、落點準確。因此，發球動作多數是在同一位置上，用相似的手法，在接觸球的一剎那靈活地轉動手腕、變化球拍的角度，去擊或磨擦球的不同部位，發出各種變幻莫測的球。

　　發球的關鍵是觸球剎那間手腕的高度靈敏和協調，並與手臂發力的默契配合，以及恰當的拋球高度和合理的擊球第一入臺點。

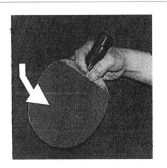

手腕伸　　　　　　　　　　　　手腕屈

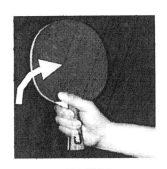

手腕外展　　　　　　　　　　　手腕內收

　　發球隱蔽動作若能做到真假動作相互配合、真真假假、真假難辨，而且具有較強烈的旋轉差，發球後再與搶攻配合，則會產生較大的威脅。

　　以下將介紹乒乓球主要的發球技術。通過對不同發球的特點、性能、作用及動作要領的介紹，力求使練習者正確掌握各種發球技術。

　　在介紹各種具體技術時，會涉及到手腕動作的變化。為方便讀者，先將手腕的動作圖示如上。

一、正手平擊發球

1. 特點、性能和作用

平擊發球是一種一般上旋、一般速度的發球。它是初學者最基本的發球方法，也是掌握其他複雜發球的基礎。平擊發球不會使球產生強烈旋轉，對方容易回接，回接後進行正手攻球或反手推撥很容易形成來回球，使初學者很快對正手攻球和反手推撥形成正確的「動力定型」。

2. 動作要領（以右手持拍為例，下同）

（1）擊球前

站位近台，含胸收腹、屈膝，身體重心移至前腳掌。左手掌心托球向上抛起，同時右臂內旋，使拍面角度稍前傾，向身體右後方引拍。當球抛至高點後開始下降時，右臂從身體右後方向右前方揮動。

（2）擊球時

當球從高點下降至稍高於球網時，擊球中上部向左前方發力。球擊出後第一落點在球臺中央。

（3）擊球後

手臂繼續向左前方隨勢揮動，迅速還原成準備連續相持姿勢。

圖 1　正手平擊發球動作

正手平擊發球動作如圖 1 所示。

3. 注意事項

● 發力部位以前臂帶動手腕為主，動作過程中身體重心從右腳移至左腳。

● 初學者容易出現不拋球、台內擊球或犯規的合力發球。

● 從開始學發球即力球做到技術動作規範、合法，為以後學練高難度發球打好基礎。

二、反手平擊發球

1. 特點、性能和作用

反手平擊發球的技術動作，從站位、引拍、轉體、手腕摩擦用力方法和還原動作等，都與正手平擊發球的技術動作完全不同。初學者學習反手平擊發球的主要目的應是，為以後掌握高質量的反手發球打下基礎。

2. 動作要領

（1）擊球前

站位於球臺偏左角，右腳稍前或平站，身體略向左轉，左手掌心拋球置於身體左側前方。同時，右臂外旋，使球拍角度稍前傾，向身體左右方引拍。

（2）擊球時

當球從高點下降至稍高於網時，右臂從身體後方向右前方揮動，擊球中上部向右前方發力，球擊出後第一落點在球臺中央。

（3）擊球後

手臂和手腕繼續向右前方隨勢揮動並迅速還原。

3. 注意事項

● 發力主要部位以前臂和手腕為主，動作過程中身

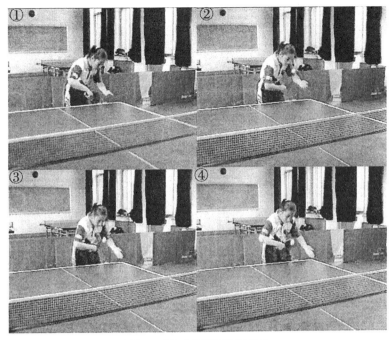

圖 2　反手平擊發球動作

體重心從左腳移至右腳。

● 初學者易出現不拋球，臺內擊球，或用球拍向前下方切擊使球產生急下旋，不利於基本功訓練。

● 從初學反手平擊發球開始，應重點體現出上、下肢及腰、髖關節協調用力。要求技術動作規範並符合規則。要練橫拍或直拍兩面攻打法，則學練反手發球就顯得更為重要。

反手平擊發球動作如圖 2 所示。

三、正手奔球

1.特點、性能和作用

此種發球的特點是球速快、落點長、衝力強、角度大且突然性強。球的飛行弧線低並向左偏斜，具有較強的右側上旋。

有時根據戰術需要，有目的地要與對方形成中、遠臺相持球時，採用此種發球是很有效的。對初學乒乓球的少年兒童選手，由於腳步移動不快，兩面照顧範圍不大，故使用此種發球就會顯得更為有利。迎戰擅長搓攻打法運動員，使用奔球也會很見效。

2.動作要領

（1）擊球前

左腳稍前，身體略向右偏斜，左手掌心托球置於身前偏右側，左手將球向上拋起，同時右臂內旋，使拍面角度稍前傾，前臂手腕自然下垂，肘關節高於前臂，向身體右後方引拍。

（2）擊球時

當球從高點下降至近於網高時 ，擊球右側向右上方摩擦，觸球一瞬間拇指壓拍，手腕從右後方向左上方揮動。球擊出後第一落點接近端線。

（3）擊球後

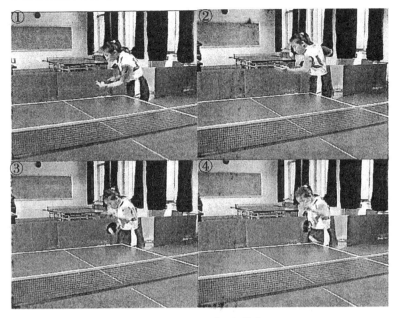

圖 3　正手發奔球動作

手臂繼續向左前方揮動並迅速還原。

3. 注意事項

● 發力部位以前臂手腕為主，動作過程中身體重心從右腳移至左腳。

● 選位時，可站在側身位發斜線和直線大角度快速長球，也可以站在球臺中間，向對方正手位或反手位發兩條線長球，要求兩線角度儘量偏大，球落到對方球臺後，都要求從邊線大角度出臺。

正手發奔球動作如圖 3 所示。

四、反手奔球

1. 特點、性能和作用

反手奔球多在訓練中使用。特別是在基本功訓練中，用反手發一個奔球，略帶有一點急上旋，站住中、近球臺，有利於打來回。比賽中有時根據戰術需要，為了牽制對方，配合主要戰術打法，偶爾使用一個反手急球，有目的地壓住對方反手，再突變正手。

反手奔球的特點是球速快、落點長、衝力大，飛行弧線向對方左側偏斜，具有較強的左側上旋。

2. 動作要領

（1）擊球前

右腳稍前或平站，身體略向左偏斜，左手掌心托球置於身前偏左側，左手將球向上拋起，同時右臂外旋，使拍面稍前傾，上臂自然靠近左側，向身體左後方引拍。

（2）擊球時

右臂以肘關節為軸心，前臂向左前方橫擺，腰部也配合從左向右轉動。球從高點下降至低於網高時，擊球左側中上部，觸球一瞬間前臂加速向右前上方揮動，手腕控制球拍加力摩擦球，腰部配合向右轉動。

（3）球擊後

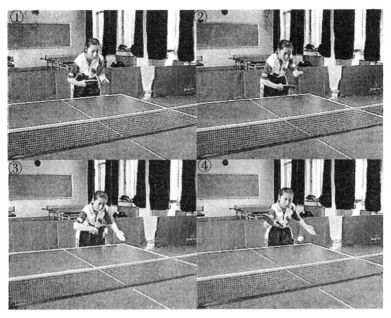

圖4　反手發奔球動作

　　球第一落點接近球臺端線，擊球後，手臂繼續向右前上方揮動並迅速還原。

3. 注意事項

　　●發力部位以前臂配合手腕轉動摩擦為主，動作過程中身體重心從左腳移至右腳。

　　●反手奔球與反手平擊發球的最大區別在於：反手奔求速度快、帶有上旋，球著臺後，反彈弧線偏低，飛行弧線略有偏拐。

　　反手發奔球動作如圖4所示。

五、正手發下旋加轉球

1. 特點、性能和作用

目前在國內外乒壇上，此種發球使用率為最高。許多高水準的選手運用極相似的手法迷惑對方，發出旋轉反差較大的強烈下旋與不轉球，造成對手判斷錯誤而直接得分或為第三板進攻創造機會。

下旋加轉球的特點是：球速較慢，對發球落點的區域選擇面較大，旋轉反差變化較大。下旋加轉發球與不轉球配套使用時，由於發球手法近似，使對手回接困難，造成下網、出界或出高球。

2. 動作要領

（1）擊球前

正手下旋加轉發球動作方法：左腳稍前，身體略向右傾，左手掌心托球置於身體右前方，引拍同時左手將球拋起，向前下方揮動。

（2）擊球時

當球從高點下降至稍高於或平於網高時，前臂由屈到伸加速向左前下方發力（圖5），同時直握拍手腕屈同時內收，擊球中下部向底部摩擦，球擊出後第一落點接近於球網。如發長球，則球發出後第一落點接近自己

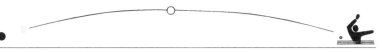

圖5　前臂由屈到伸發下旋球動作

球臺端線。

（3）擊球後

手臂繼續向左前下方隨勢揮動並迅速還原。

3. 注意事項

● 發力部位以前臂、手腕和手指為主，動作過程中身體重心從右腳移至左腳。

● 下旋發球的旋轉質量如何，其關鍵取決於球拍對球的突然爆發摩擦力是否集中和摩擦角度是否適宜，以及前臂由屈到伸向前下方用力的程度。

● 在訓練中應加強質量意識，應重點體現出下旋發球具有強烈的旋轉特點。

正手發下旋球動作如圖6所示。

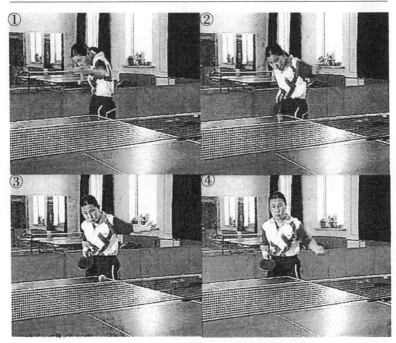

圖 6　正手發下旋球動作

六、正手發不轉球

1. 特點、性能和作用

正手發不轉球多與正手發下旋加轉球配套使用，以取得更好的效果，正手發不轉球動作在外形上大致與發下旋加轉球相同，很容易造成對手判斷錯誤而直接失分或出現機會球，形成間接吃發球。

2. 動作要領

（1）擊球前

從站位、準備姿勢到拋球、引拍和揮拍動作都要與正手下旋加轉發球完全相同。

（2）擊球時

不轉發球與加轉發球的區別在於：手臂外旋幅度小，減少拍面後仰角度，擊球中部或中下部，減少向下摩擦的力量，使作用點接近球心，從而形成不轉球。

（3）擊球後

擊球後的拍面要儘快調整，近似發下旋加轉球動作，以達到迷惑對手的目的。

3. 注意事項

● 在比賽中，使用此種發球要根據對手的打法和技術特點，在落點上要靈活調整。

● 發不轉球的假動作，所表現出的真實感要強，儘量做到以假亂真，這樣才有威脅。

正手發不轉球如圖 7 所示。

圖 7　正手發不轉球動作

七、反手發下旋加轉球

1. 特點、性能和作用

　　反手發下旋加轉球時，往往與反手發不轉球相配套。直、橫拍兩面攻打法選手多採用此種發球。在落點上運用直、斜線，長、短球的巧妙配合，有利於第三板兩面搶攻。

2. 動作要領

（1）擊球前

右腳稍後或平站，身體略向左偏斜，左手掌心托球置於身體左前方。引拍時，左手將球向上拋起，同時右臂內旋。直握拍手腕屈，橫握拍手腕外展，使拍面後仰，向身體左右方引拍。迎球時，右臂從身體左右上方向右前上方揮動。

（2）擊球時

當球從高點下降至稍高於或平於網高時，前臂加速向右前下方發力，同時直握拍手腕伸，橫握拍腕內收，擊球中下部向底部摩擦。球擊出後第一落點接近球網。

（3）擊球後

手臂繼續向右前下方隨勢揮動並迅速還原。

3. 注意事項

●發力部位以前臂和手腕為主，動作過程中身體重心從左腳移至右腳。

●反手發球技術動作由於受身體限制，應充分發揮收腹、轉腰協調用力作用。

●在球拍觸球的一瞬間，加大手腕、手指用力是提高發球質量的關鍵。

反手發直線下旋短球動作如圖 8 所示。

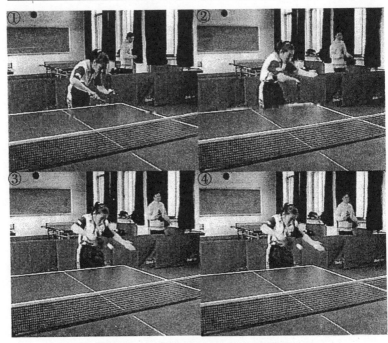

圖8　反手發直線下旋短球動作

八、反手發不轉球

1.特點、性能和作用

　　在比賽中，反手發不轉球多與反手發加轉下旋球配套使用。在反手發不轉球動作與反手發加轉下旋球動作外形上大致相同，很容易使對手判斷錯誤而直接失分或為第三板搶攻創造機會。

2.動作要領

反手發不轉球動作方法與反手發下旋加轉球的動作方法的主要區別在於：手臂內旋幅度小，減少拍面後仰角度，擊球中部或中下部，減少向下摩擦的力量，稍加向前推球，使作用力靠近球心，從而形成不轉球。

3.注意事項

● 發正手位短球多半以不轉為主，發反手位長球多半以加轉為主。

● 在長、短球落點上，力求做到短則短、長則長，切忌發出半長不短，旋轉反差不大的球。

九、正手發左側上（下）旋球

1.特點、性能和作用

正手發左側上（下）旋球，是運動員在比賽中運用較多的發球方法。這種發球以旋轉變化為主，飛行弧線向對方左側偏拐，對方回球也向左側上（下）反彈。

使用近似手法發出兩種不同旋轉球，能起到迷惑對方的作用。

2.動作要領

（1）擊球前

站位左半臺。左手掌心托球置於身體右前方。引拍時，左手將球向上拋起，同時右臂外旋，直握拍手腕伸，橫握拍手腕外展，使拍面方向略偏向左側，向右上方引拍，腰部略向右轉動。迎球時，右臂從右上方向左下方揮動。

（2）擊球時

當球從高點下降至接近網高時，前臂加速向左方揮擺，直握拍者手腕屈，橫握拍者手腕內收，腰部配合左轉。擊球中部向左側上方摩擦為左側上旋球，擊球中部向左側下方用力摩擦為左側下旋球。根據發球的長短調整球的第一落點遠近。

（3）擊球後

手臂繼續向左方隨勢揮動並迅速還原。

3.注意事項

● 左側下旋發球動作方法大致與左側上旋發球動作相同，區別在於：

引拍向後上方，手臂向左前下方揮擺，擊球中下部向左側下方摩擦，觸球高度略高於網。

● 橫握拍發左側上（下）旋球時，最好將握拍柄的三個手指鬆開，以增加手腕的靈活性。

●比賽中，可將正手發左側上旋球與正手發左側下旋球配套使用，以便用相似的手法，發出旋轉反差較大的側上、下旋球，為第三板搶攻創造機會。

●如果對手是削球打法或接發球技術比較保守，則可以發側上旋開路以佔據主動。

●發球部位以前臂和手腕為主，腰部輔助。動作過程中身體重心從右腳移至左腳。

正手發左側上旋球如圖 9 所示。

正手發左側下旋轉如圖 10 所示。

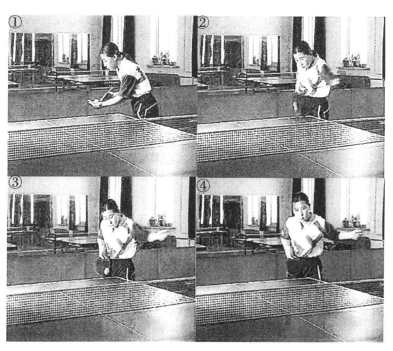

圖 9　正手發左側上旋球動作

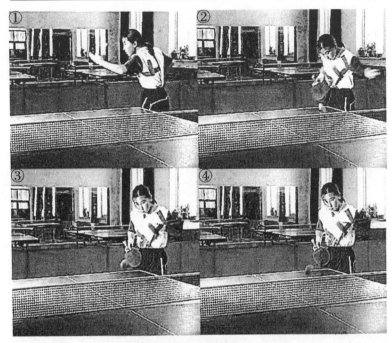

圖10　正手發左側下旋球動作

十、反手發右側上（下）旋球

1. 特點、性能和作用

反手發右側上（下）旋球以旋轉變化為主，飛行弧線向左偏拐，對方回球向右側上（下）反彈。由於運用近似手法發出兩種不同旋轉的球，故能起到迷惑對方的作用。

2. 動作要領

（1）擊球前

站位左半臺，右腳稍前或平站，身體略向左偏斜，左手掌心托球置於身體左前方。引拍時，左手將球向上拋起，同時右臂稍內旋，使拍面幾乎垂直，向左後方引拍，腰部略向左轉動。迎球時右臂從左後方向右上方揮動。

（2）擊球時

當球從高點下降至接近網高時，前臂加速向右上方揮擺。直握拍手腕伸，橫握拍手腕內收，腰部配合向右轉。擊球中部向右側上方摩擦會發出右側上旋球，擊球中部向右側下方用力摩擦則會發出右側下旋球。根據發球落點調整球的第一落點遠近。

（3）擊球後

手臂繼續向右上方隨勢揮動並迅速還原。

3. 注意事項

● 右側下旋發球動作方法大致與右側上旋發球動作相同，區別在於：

引拍向左上方，手臂向右前下方揮擺，擊球中下部向右側下方摩擦。觸球高度略高於網。

● 橫拍發反手上（下）旋球要加大上臂向右方揮擺幅度。

圖11 反手發右側上旋球動作

　　●發力部位以前臂和手腕為主，腰部輔助。動作過程中身體重心由左腳移至右腳。

　　●力求做到擊球後，兩種發球的結束動作都完全一致，增強假動作的逼真程度。

　　反手發右側上旋球動作如圖11所示。

　　反手發右側下旋球動作如圖12所示。

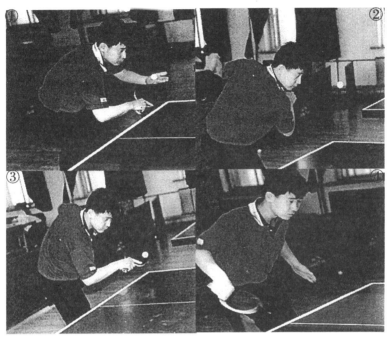

圖 12　反手發右側下旋球動作

十一、反手發急下旋球

1. 特點、性能和作用

反手發急下旋球的特點是：球速較快並帶有下旋，對方用推、撥回接容易造成下網失誤，用搓球回接容易出現機會球。球發出後，飛行弧線低而長。

2.動作要領

（1）擊球前

站位左半臺，兩腳幾乎平站，身體正對球臺，左手掌心托球置於身體前方。引拍時，左手將球向上拋起，同時右臂稍作內旋使拍面略向後仰，向腹前上方引拍。迎球時，右臂由身體後方向前上方揮動。

（2）擊球時

當球從高點下降至稍低於網高時，前臂加速向前下方推切，手腕同時稍外展，擊球中下部。

（3）擊球後

球擊出後第一落點接近端線。手臂向前下方隨勢揮動並迅速還原。

3.注意事項

● 此種發球只能作配合及牽制使用。

● 發力部位以前臂和手腕為主，動作過程中重心在兩腳。

反手發急下旋球動作如圖 13 所示。

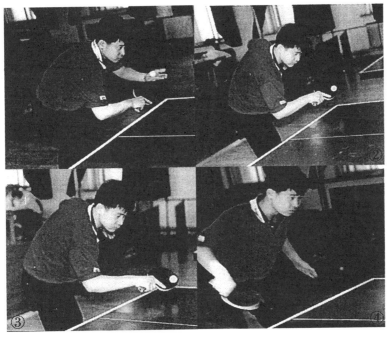

圖13　反手發急下旋球動作

十二、正手高拋發球

(一)正手發高拋左側上旋球

1. 特點、性能和作用

　　高拋發球是一種合法的合力發球。高拋球除具有低拋發球的特點外，由於將球高拋至2～3公尺，當球下

落時，受其下降速度的影響，使球加大垂直下降的重力。同時，用拍加力由右向左摩擦球時，又會產生一個左、右的橫向力。「二力合一」從而增大球速和旋轉。

2. 動作要領

（1）發球前

站位左半臺，左手掌心托球置於身體右前方。引拍時，左手將球向上垂直高高拋起，同時右臂外旋，直握球拍者手腕伸，橫握球拍者手腕外展，使拍面方向略向左側，向右上方引拍，腰部略向右轉動。迎球時，右臂從右上方向左下方揮動。

（2）擊球時

當球從高點下降至接近網高時，前臂加速向左上方揮擺，腰部配合向左下轉動，前臂手腕控制球拍，擊球中部向左側上方摩擦用力。

（3）擊球後

手臂繼續向左下方隨勢揮動並迅速還原。

3. 注意事項

● 根據發球的長短調整球的第一落點遠近。

● 發力部位以前臂、手腕和手指為主，腰部輔助。

● 將球上拋後，由於球體下降速度逐漸加快，初學者掌握準確擊球時間有難度，容易出現漏球。經過練習熟練後即可避免這種情況。

（二）正手發高拋左側下旋球

1. 特點、性能和作用

比賽中，可將正手高拋發左側下旋球與正手高拋發左側上旋球配套使用，使用相似的手法，發出旋轉反差較大的側上、下旋球，為第三板搶攻創造條件。

2. 動作要領

正手高拋發左側下旋球動作方法大致與正手高拋發左側上旋球動作相同，區別在於：引拍向後上方，手臂向左下方揮擺，擊球中下部向左側下方摩擦用力。

圖 15～19 為幾種不同性能的高拋發球技術動作。

3. 注意事項

● 橫握拍運動員發左側上（下）旋球時，最好將握拍柄的三個手指鬆開，以增加手腕的靈活性（圖14）。

● 發力摩擦球時，加大向球底摩擦力是提高旋轉質量的關鍵。

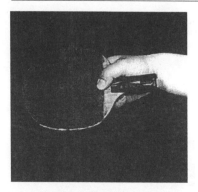
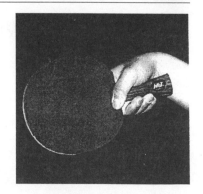

三指鬆開使手腕轉動靈活　　　三指握緊會限制手腕轉動

圖 14

圖 15　正手高拋發左側上旋球動作

圖16　正手高拋發左側下旋球動作

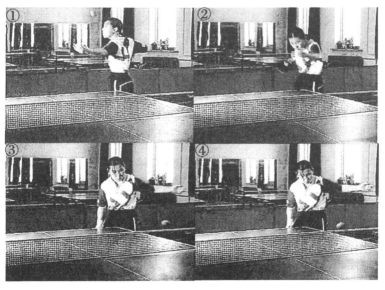

圖17　正手高拋發直線短球動作

圖18　正手高拋發直線長球動作

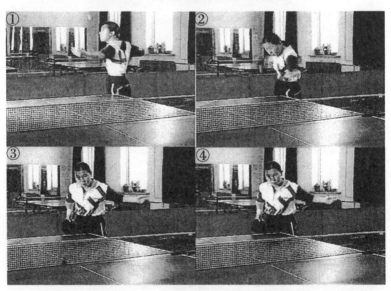

圖19　正手高拋發斜線長球動作

十三、正手下蹲發球

（一）正手下蹲發右側上旋球

1. 特點、性能和作用

下蹲發球以旋轉變化為主，多用於橫拍選手。由於摩擦球的部位和方向與下手類發球不同，所以發出的旋轉球落到對方臺面時，反彈方向也不同於一般下手類發球。

下蹲發球在當今的乒乓球比賽中已運用較少，也正因為如此，在比賽中偶然使用，往往會令對手感到陌生、突然和不適應。如果根據對手的打法和技術特點有針對性地運用下蹲發球，有時在關鍵時刻會得到意想不到的效果。

2. 動作要領

（1）擊球前

左腳稍前或兩腳平行站立，身體向右偏斜，左手掌心托球置於身體右前方。引拍時，左手將球向上拋起，同時做下蹲姿勢，右臂上舉比肩高，手腕外展，拍面方向略向左偏斜。迎球時，右臂從左向右前上方揮動。

（2）擊球時

當球從高點下降至平網高或稍高於網時，前臂加速

圖20　正手下蹲發右側上旋球動作

從左向右前方揮動，手腕同時內收向右側上部摩擦。

（3）擊球後

手臂手腕繼續向前上方隨勢揮動，迅速還原準備下板擊球。

3.注意事項

發力部位以前臂和手腕為主，動作過程中身體重心在兩腳之間。

正手下蹲發右側上旋球動作如圖20所示。

(二)正手下蹲發右側下旋球

1. 特點、性能和作用

在比賽中，正手下蹲發右側下旋球多與正手下蹲發右側上旋球配套使用。用相似的手法，發出旋轉反差較大的側上、側下旋球的迷惑對手，為第三板搶攻創造條件。

2. 動作要領

從出球前的準備姿勢到擊球後的還原姿勢，下蹲正手發右側下旋球動作方法大致與下蹲正手發右側上旋球動作相同。區別在於：球從高點下降至高於網時，球拍要比球高，擊球中上部並向右側下方摩擦，前臂從左向右前下方揮動。

3. 注　事項

●學練下蹲發球容易出現球在上升期時擊球和向後側拋球偏離角度過大等犯規動作。

●為提高下蹲發球的威力，在球拍觸球一瞬間突然改變拍面和手法。應做到正、反手都能發出不同旋轉和落點的球。

正手下蹲發右側下旋球動作如圖 21 所示。

圖 21　正手下蹲發右側下旋球動作

十四、反手下蹲發球

（一）反手下蹲發左側下旋球

1. 特點、性能和作用

在比賽中，下蹲反手發球可與下蹲正手發球配套使
用，兩種發球在擊球前的準備姿勢、引拍及拋球動作完

全一樣，只是在擊球時，突然改變拍形角度和用力方向，即可發出多種不同旋轉、速度和落點的球。

反手下蹲發球落到對方球臺後反彈弧線向左側偏拐，有利於制約對方側身搶攻。

2.動作要領

（1）擊球前

兩腳平行開立，身體正對球臺，引拍時，左手將球向上拋起，同時做下蹲姿勢，上臂向右下方引拍手腕內收。迎球時，右臂從右下方向左上方揮動。

（2）擊球時

當球從高點下降至平行於網或稍高於網時，前臂加速從右上方向左下方揮動，手腕同時外展，擊球中部向左側下方摩擦。球擊出後的第一落點應根據發球長、短合理調整。

（3）擊球後

手臂繼續向左前上方隨勢揮動，迅速蹬起準備下一板擊球。

3.注意事項

● 在落點選擇上，以發對方正手位短球和反手位長球為宜。

● 下蹲發球在控制短球落點上難度較大。

反手下蹲發左側下旋球動作如圖22所示。

圖22　反手下蹲發左側下旋球動作

（二）反手下蹲發左側上旋球

1.特點、性能和作用

在比賽中，下蹲反手發左側上旋球可與下蹲反手發左側下旋球配套使用。使用此種發球對接發球方法保守、以搓接為主的運動員比較有效。

2.動作要領

下蹲發反手左側上旋球的動作方法與下蹲發反手左側發下旋球動作方法大致相同。區別在於：擊球中部向

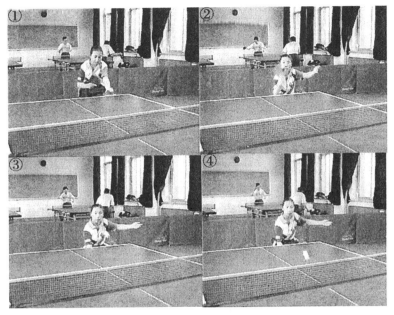

圖 23　反手下蹲發左側上旋球動作

左側上方摩擦，前臂和手腕從右向左上方揮動發力。

3. 注意事項

● 下蹲發反手左側上旋球，對方回接球速度較快，角度也可能很大。因此要求蹬地還原速度要快，以便接下板球。

● 此種發球的手法，拍形角度暴露較充分，對方判斷旋轉難度不大。從戰術、打法需要的角度考慮，可做配套發球或在關鍵時刻為非常規球突然使用。

反手下蹲發左側上旋球動作如圖 23 所示。

以上是對乒乓球主要發球技術動作要領的介紹。

當然，高質量的發球是汗水的結晶，產生於千萬次苦心磨練。更高一層次的發球也是在這十幾種發球的基礎上，用相似手法發出兩種以上速度、旋轉、落點反差更大的球。

發球技術的訓練內容、方法及要求

在各類發球技術中，平擊發球是最基本，也是掌握其他複雜發球的基礎。

初學者對乒乓球的基本動作尚處於動力定型前的泛化階段，不宜先學發各種旋轉球。對初學者來說，應按著循序漸進、科學系統的原則，由淺到深、由易到難地進行練習，切忌盲目地貪多求快。

因為對初學者來講，在對正手攻球和反手推、撥主要基本技術動作還沒有初步掌握的情況下就一味追求發球質量，強調發、接球的重要性，往往會事與願違。因為發出旋轉球後，回接球的旋轉也很強，需要運動員有較高的判斷、適應和調整能力。

而每一個回接球都有各種旋轉變化，要求接球者不能用回擊常規不轉球的技術動作。這樣就很難使初學者儘快地形成正確的技術動作。

一、初學階段的發球訓練內容

在初學階段，發球訓練的主要內容就是掌握正手平擊發球和反手平擊發球。

1.初學階段發球技術訓練方法

（1）示範講解

按著自覺積極和直觀的教學、訓練原則，教練員在教學和訓練過程中，要儘量利用練習者的各種器官感知動作形象，使其形成清晰的表象，以利達到掌握正確擊球的目的。

對於初學者，教練員的直觀教學和示範講解尤為重要。

（2）多球訓練

初學平擊球發球，練習者往往容易動作僵硬、不協調，發球命中率不高。為儘快掌握平擊發球動作要領就要增加訓練次數，採用多球訓練是一個極好的方法。

（3）組合訓練

初學者在練正手攻球或反手推、撥技術時，多半是在教練員或水平高於自己的對手陪練下進行。但每次練習都由初學者發平擊球開始。

這樣將平擊發球與正手攻球或反手推、撥組合練習，會收到雙重效果。只要注意：陪練者不要包辦代替

發球。

2. 對初學階段的訓練要求

（1）在安排單球或多球訓練時，一定不能對發球速度、落點、旋轉及線路等要求過高。應先要求上臺，然後再逐漸要求質量。

（2）開始應養成發合法球的習慣，初學發球者容易犯的錯誤是：不拋球；球體處於上升期即擊球（合力球）；持球手不是五指併攏，手掌伸不平等等。初學時如不做嚴格要求，當其他技、戰術達到一定水平時，參加比賽按規則要求就很難發出有質量的合法球。因此，對初學者在技術動作的規範化程度上不能放鬆要求。

3. 對中級階段的訓練內容、方法及要求

具有三年左右較系統訓練的運動員，應該說具備乒乓球中級水平，並能掌握 1～2 套一般質量的發球。對這一階段訓練水平的運動員，其發球訓練應達到以下要求。

（1）結合自身風格打法確立 1～2 套主要發球。切忌：什麼球都會發而什麼球也發不「精」，發球與自身打法不配套。

（2）先練單一性能的旋轉或單一落點發球，再練用相似手法發出兩種以上不同性能的球。

例如：以練發正手下旋和不轉球配套為主，就應先

練單一旋轉的強烈下旋球，無論用正手或者用反手發球，都能發出旋轉很強的下旋球。然後，再用相似的手法發出不轉球，將其配套成龍才有威力。所謂轉球或不轉球，都是相對而言，只有把轉球發得轉、不轉球發得像轉球，轉與不轉球之間旋轉反差大、手法相似、難以辨認，才會產生威脅。

（3）在練長、短球及直、斜線球時，應注意運用隱蔽的動作和相似的手法。在訓練時可採用一人用多球發，三人在對面輪流接的方法。

在多人接一人發球時，接發球的方法也應是多樣的。有擺短、挑接、拉接等，這樣可以解決接發球方法單一的弊端。

三個人在接同一人的下旋球時，若用搓、挑、拉方法接球下網較多，就證明發出的下旋球質量高。反之，搓、挑、拉都很自如，並且成功率高，則可能說明發球質量較低。

二、發球質量意識的培養

具備中級水平的運動員在發球時，應重點要求加強質量意識。有的運動員在練發球時不追求發球的質量，這種訓練屬於低質量的重複，效果不好。只有在高標準的要求下，才有可能發出高質量的球。發球意識建立後，在正確理解動作要領的基礎上，首先要有恆心，然

| 發旋轉球觸球部位 | 發不轉球觸球部位 |

圖 24

後適當增加訓練時間和次數。

　再則，發旋轉球必須用拍頭部位接觸球，這是發球技術的關鍵環節之一。如果接觸球是在靠近球拍的內側（拍柄部）則無論多大的力量和多快速度，也不能發出旋轉球（圖 24）。

三、高水準隊員的陪練

　發球和接發球是一對相輔相成的技術，<u>互練效果為最好</u>。用多球單練的方法就更好。

　接發球者能力越強、水平越高，就越有利於發球者儘快提高發球技能。而且可以在高水準接發球隊員指導下，有針對性地練習發球技術的某一個環節，突破某一難點或重點環節，例如，速度不快、旋轉不強、落點不刁、真假動作不能夠隱蔽等等。總之，缺什麼練什麼。選擇發球方法要與每個人的打法緊密相聯，逐漸配套成

龍，為進入高水準階段形成一個理想的框架。

　　為了提高訓練質量，保證訓練雙方都有所進步，教練員在進行訓練佈置時，要對高水準隊員進行必要的思想教育，要有團結友愛、互相幫助和樂於奉獻的精神。用「男幫女、大帶小、老帶新」的方法，發揚集體主義、甘當鋪路石的精神，這是中國乒乓球隊幾十年來的光榮傳統，也是佔據國際乒壇優勢的法寶。

　　如果對高水準隊員在接發球時，能提出有針對性的體現某種技術、風格和打法的要求，則訓練效果會更好一些。

四、高水準階段的訓練內容和方法

　　高水準的乒乓球運動員都非常渴望成為更高水準的優秀運動員，在國內外乒壇上佔有一席之地，而發球技術是通向理想彼岸的開路先鋒。

　　回憶中國乒乓球運動四十年的輝煌歷史，每一個歷史階段都出現一批有代表性的優秀運動員。而他們之所以能成為國際乒壇的頂尖高手，與每人都掌握1～2套「絕招」發球是分不開的。

1.圍繞打法、精練1～2套發球

　　省、市及國家隊的運動員，必須圍繞各自不同的打法精練1～2套高質量發球。

首先要提高練高質量發球的自覺性和積極性。要充分認識到：沒有高質量的發球就不可能攀高峰。運動員認識到位，有一種緊迫感的鞭策，是練好發球的首要條件。80年代，當時浙江運動員何志文苦練高拋發球，其高拋發球堪稱一絕。他在練高拋發球時有一個高標準嚴要求，即將球拋得高，發球的速度快、落點長。在這個高、快、長的標準要求下，他發憤苦練，終於形成了自己的特長並打進國家隊。

2. 多球練習法

專業運動員每天利用早功30分鐘或每堂訓練課結束前20分鐘，在教練員有一定要求的前提下，用多球認真練習。教練員提出要求的內容包括：對發球的速度、旋轉、落點配套程度，隱蔽假動作等。

例如：發底線長球，必須距離端線15公分之內。發短球必須距離球網不超過30公分，而且是短、低且有反差較大的旋轉變化。球在對方球臺的第二落點不能出臺，以便制約對方接發球搶攻。

另外，對發球的數量、某一旋轉或落點的發球都應有量化指標。

教練員用粉筆在球臺上畫出嚴格的落點區域，要求運動員精練到位，發至指定區域內。對尖子隊員更要從嚴要求，對發球的速度、旋轉、落點及隱蔽假動作的逼真程度，都要有進一步的高標準。

五、強迫使用法

要成為高水準的乒乓球運動員，最少要經過6～8年的半專業和專業訓練。這一級水平運動員的風格、打法和技、戰術特點已基本形成。要用攀高峰就必須在技、戰術上有新突破。

在發球技術上沒有絕招，打不出有威脅的發球搶攻戰術，往往是運動員到後期被淘汰的主要原因。與其如此，還不如闖一下，在參加各種比賽中強迫使用質量較高而失誤率也相對增高的發球。

作為一名運動員，必須要有承擔比賽失敗的心理準備。「絕招」是練出來的，也是在實戰中大膽地用出來的。原國家隊運動員何志文能將球拋至5～6公尺高度，在球體快速下落至腹前時，能發出超常速度和落點極刁的大角度長球。這不僅要有平時在高標準要求下的千萬次重複訓練，更重要的，是他有在全國大賽中敢於使用的膽量。

因此，在比賽中大膽強迫使用高質量發球是運動員再攀技術高峰的重要因素。

六、量化考核法

教練員在訓練中，只提出練習的內容和時間是不夠

的。必須要根據每個人的打法、常用發球、絕招發球以及在發球技術環節上存在的優缺點，提出具體要求。

例如：

1. 發至對方正手位短球，離網不超過 30 公分，可畫一個限制區，球必須落在區域內。

2. 第二落點不能出臺。

3. 球過網後，反彈弧線要低，不能高過球網。

4. 手法要隱蔽，假動作要逼真，要有旋轉變化。

5. 發至對方反手位長球的落點，離邊線不超過 20 公分。

6. 球落至對方球臺後，出臺線路必須從邊線出臺，而不能從端線出臺，以便增大發球路線的角度。

7. 主要量化標準是：發球的數量以及每條線的數量，失誤率只能在 5%～10%。隨著發球水平的逐漸提高，可追加調整發球量化考核標準。

例如：對發長球要求，200 個球×2 組，必須有 90%～95% 的球落於不超過 20 公分的指定區域。教練員對沒有達標的運動員，可適當增加發球量或加罰體能訓練。

旋轉、落點及配套隱蔽動作程度等都必須有規定標準，而且還要有量化標準。

例如：站在側身位正手發斜線長球，500 個球×2 組；發直線短球，400 個球×2 組；長、短球配套，400 個球×2 組。

教練員在對運動員提出量化要求時，要有所側重。要根據每個人的特點，做到因人而異，因為不同的運動員其風格、打法和技、戰術方面的差別是較大的。

例如：劉國梁發正手位短球是以出手動作較快、手法較穩蔽而旋轉反差較大的左側上旋和下旋為主；而馬琳和瓦爾德內爾發正手位短球則以隱蔽的手法、旋轉反差較大的轉與不轉球為主。

另外，對運動員練發球時的情緒、投入程度、動腦鑽研習慣的培養，都應提出具體要求。

七、制約練習法

所謂高水準的乒乓球運動員，其水平高就高在技、戰術的制約能力上，為提高這種能力，在訓練中運用制約訓練提高技、戰術質量是一個行之有效的好方法。

例如：要求發正手位強烈下旋的短球，由陪練隊員在正手位接下旋短球，如果挑不起來，下網率高，搓擺回接球還需要用力，則證明下旋短球質量還比較高。

陪練隊員的接發球搶攻能力強，劈長、擺短、撇側能力也很強，這樣，就形成對發球隊員的制約，要求發球者必須提高發球質量，才能爭取主動。

教練員在運用制約練習法時，可用單一制約法，也可用綜合制約法。

單一制約法多用於突破解決單一的旋轉或落點。

綜合制約法多用於發、接、搶前三板的綜合技戰術訓練。

雙打發球

受競賽規則制約，雙打比賽的發球必須由本方球臺的右半臺發至對方球臺的右半臺。球臺上的中線就是為了限制雙打發球區域所用。

由於受到發球範圍過窄的限制，對方在接發球時，只注意半面球臺就可以了。因此，在雙打比賽中，佔有發球權並不一定主動，賽前抽籤獲得主動選擇權時往往選擇的是接發球。這樣，還可以優先選擇接對方某一隊員的發球。

在雙打發球時，首先考慮的是要制約對方接發球搶攻，發球時應以「短、低、轉」為原則。

所謂短，是指應多發靠近中線不出臺的短球，如果是靠近邊線的短球或是從邊線出臺的短球，也容易造成對方的搶攻。實踐證明，在雙打比賽中將球發至對方球臺中線近網處最有威脅且效果最佳。

所謂低和轉，是指發出的球弧線要低，旋轉變化要強，使對方難以打出接發球搶攻，以減少同伴防守的困難。而快，則是指發球出手的速度要快，增加發球的突

然件。將上述各項進行有機結合，才能在比賽中有效地遏制對手的攻勢，為自己和同伴創造有利的條件。

再則，雙打的發球搶攻比單打的難度要大，在運用戰術時，既要敢於在發球後果斷地搶攻，又要有對方接發球搶攻後積極防禦的意識。不能只想搶攻，不準備防禦。因為雙打的發球受小區域的限制，往往容易被對方接發球搶攻。

雙打發球要有利於同伴特長技術發揮，要根據同伴的特長技術來確定發球的方法，必須注意和同伴的配合，發什麼球要告訴同伴（用手勢表示即可）。

在男女混合雙打比賽中，對發球技術的選擇還應有特殊考慮。因為總體來講男選手比女選手強，如果是男發女接，則男選手可加大球旋轉，以爭取直接得分或為女伴創造機會。如果是女發男接，在對發球的選擇上更應考慮落點。女隊員的發球在落點上一定要有嚴格的考慮，且無論有什麼旋轉，都不能過高、過長。否則容易被對方男選手打出高質量的接發球搶攻。

當然，根據雙打比賽中戰術的需要，不是不可以發快速長球，如果能發出高質量的靠近中線或邊線長球，迫使對方讓位困難或大幅度後退，回接球困難，從而為同伴創造機會，也可以是一套很好的戰術配合。

發球搶攻戰術的運用

一、發球搶攻的作用

發球搶攻是各類打法利用發球力爭主動、先發制人的一項主要戰術，是比賽的重要得分手段。

發球搶攻運用得好，常能打亂對方的整個戰略部署，造成對方的慌亂，特別是在有些關鍵時刻果斷運用發球搶攻尤為重要。如比賽在對方都力球用其打開局面，力爭主動；領先時可以用其乘勝追擊，一鼓作氣戰勝對方；落後時則可以用發球搶攻來作最後搏殺，力挽狂瀾而反敗為勝。

二、主要發球搶攻戰術

1.反手發側上、下旋長、短球至對方中間偏右近網處，配合發大角長球伺機搶攻

這是橫拍兩面拉弧圈球和直拍快攻打法常用的一套發球搶攻戰術。具體運用如下：

無論是直、橫握拍，用反手發側上、側下旋球至對方中部偏右近網處，並配合發大角長球伺機搶攻。

　　要求發至對方中間偏右近網，球一定要短。球在對方球臺的第二跳不能從邊線或端線出台，而且球的反彈弧線要低於網，並且有明顯的旋轉反差變化。手法要隱蔽，並有反手位長球加以配合。以達到制約對方接發球搶攻，迫使對方搓接，然後，根據對方回接落點伺機搶攻。

　　在 60～70 年代，以發球搶攻戰術為開路先鋒，曾將乒乓球運動推向新階段。我國兩面攻優秀選手莊則棟、王文榮經常運用這套發搶戰術展開攻勢。近年來，世界優秀選手李菊、小山智麗、戈魯巴、普里莫拉茨及孔令輝也多運用此種戰術。

　　此外，在運用此套發球搶攻戰術時，還應根據對方情況加以靈活運用。例如：

　　對方是削球打法，有時可發至中路偏右側剛出臺處，使對方既難加轉、又不易回短，利於搶攻。

　　對方是兩面拉打法，有時可發中路長球，待對方輕輕將球托起時再進行搶攻。

2. 正手高、低拋發轉與不轉短球，配合發長球伺機搶攻

　　目前在國內外乒乓球比賽中，運用這套發球搶攻戰術的選手最多。

一般選手在運用此套戰術時，都是先發高、低拋的下旋加轉短球，使對方回接感到很轉、很沈，稍不加力搓、擺就會下網。然後，再用極相似的手法發不轉球。由於發轉與不轉球動作相似，但旋轉變化大，故容易使對方回接下網或接出高球，甚至有時接出界外。

此種發球以發至中路偏右近網處為佳，使對方正手搓球不易控制；有時可發出臺長球，由於有反差較大的旋轉變化，可造成對方直接失分。

當今國內外優秀選手如孔令輝、王楠、瓦爾德內爾、馬琳、金澤洙等多運用此戰術，而中國選手劉國梁則運用得更為出色。

3. 側身高、低拋發左側上下旋球進行搶攻

目前，各類打法運用這套發球搶攻戰術選手也比較多。採用此戰術時，站位偏左角，發球落點以左大角為主，迫使對方不能側身搶攻而只好用反手搓或擠，然後再進行搶攻。同時，要儘量把旋轉發足、角度發開，控制對方用拉回接。只有發足了旋轉，才能限制對方的發力拉或使其拉球失誤。如對方回球質量不高，便可主動反攻或主動加力，形成相持。

4. 左手握拍運動員側身發高拋球進行搶攻

左手持拍運動員，站在側身位發出直、斜線相配合的長球要比右手持拍運動員發出的兩條線長球更具特

點。尤其是側身回接左手持拍發出的直線長球難度更大，球出臺後向右拐出，對方如不適應很容易漏接，若再配合發出高拋側身位直線球就更有威脅。

5. 正手發下蹲式左、右側上、下旋球後搶攻

下蹲式發球搶攻戰術，多半為橫握球拍選手所運用。他可以利用球拍正、反兩面來摩擦球，發出的球旋轉強、變化多，球飛行弧線向左、右兩側拐，造成對方不適應，在關鍵時刻運用此球尤顯威脅效果。

運用這套發球要求能發出強烈側下旋和側上旋兩種不同的旋轉變化球，落點要左、右，長、短結合。由於弧圈球技術的提高和接發球搶拉能力的增強，下蹲發球已不多使用。但此種發球動作舒展、利於發力，在提高發球質量上是大有潛力的。

以上幾套發球搶攻戰術，要求運動員至少應掌握兩套以上，並加以靈活運用。

接發球技術

一、接發球技術的作用

隨著乒乓球技術的發展，發球技術質量越來越高，並在比賽中顯示了很大的主動性和威脅性，這就要求接發球技術也必須相應地提高。

發球技術是經過冷靜、周密地組織，集中全面的智慧和技能發出的球，在速度、旋轉和落點上更具有威脅性和迷惑性。乒乓球行家們常說：只要接好對方發球就是取勝的一半。可見，接發球技術對比賽勝負有著重要的作用。

從形式看，發球與接發球是一對矛盾，且有主動被動之分。但這種主動與被動並不是一成不變的，通過運動員的努力，可以變被動為主動，從而大大增強運動員贏得勝利的信心，並利於發揮其技術特點。

二、對接發球技術的要求

1.減少或做到不直接失誤。

2.用較穩健的方式，將球回接到對方的薄弱處，控制住對方使其不能搶攻，而削弱對方通過發球所獲得的主動優勢。

3.按照自己的技術特點回接，達到貫徹自己戰術的目的。如：善於對付上旋球的快攻運動員，應多用推擋或抽拉的方式接發球，迫使對方再還擊成上旋球：善於旋轉變化的削球運動員，應多用轉與不轉的削球，結合逼角的方式接發球，以發揮自己的技術特長等。

4.反客為主，積極伺機搶攻，爭取直接得分。

三、接發球的站位

要使接發球達到以上要求，必須選好站位，不同打法的運動員往往採取不同的站位，下面分別談談其方法和要領。

1.兩面攻打法的站位

根據兩面攻打法特點，接發球站位以居中偏左為宜。這樣，接對方發到反手位長球，可以左腳撤後一步用反手起板；對方發到正手位長球，可以右腳撤後一步用正手起板；接對方發來的中路球時，可左腳斜前一小步，然後側身用正手起板（圖25）。

圖 25　兩面攻打法接發球站位

2.左推右攻打法的站位

左推右攻打法的運動員,多站於球臺中間偏左方。較兩面攻打法的站位略近。左腳稍前,右腳稍後,以利於正手攻球。當用推擋接反手來球時,只須將身體重心移至左腳,而不必移動腳步;正手接發球時,右腳略向後移動即可;而接中路球時,右腳向後移大些即可以側身(圖 26)。

3.削球打法的站位

以削球為主打法的運動員多站位於球臺中間,站位距離也較上兩種打法的運動員更遠一點,右腳稍前、左腳稍後或兩腳平站。

右腳稍前的站法是考慮到反手接球時轉體不如正手靈活,而平站則可以平均照顧到兩面接發球。一般在接

圖26　左推右攻打法接發球站位

圖27

對方發來的左、右近網短球時，多上右腳。這是因為右手便於伸長到臺內去接球，能爭取到及時擊球。

　　但若要用上左腳的方法接左方短球，則有利於當對方還擊後，用正手反攻。

　　圖27所示為削球打法突出反手接發球的站位動作。

圖 28

圖 28 所示為削接反手位長球發球動作。

4. 單面攻打法的站位

以攻為主的運動員的傳統站法是位於球臺左角，充分發揮其正手攻球的特點。但由於這種站位對步法移動要求特別高，加上現在反手攻球技術的提高，因而也就有不少人採取了略微居中的站位方法。

同樣，歐洲各類打法的運動員也都根據自己的不同打法特點，採取不同的站位方法。

由此看來，接發球時，選好站位對充分發揮技術特長有著很大作用，站位不恰當就不利於擺脫接發球的被動地位。

四、選擇接發球站位的原則

1.根據自己的打法和技術特點來站位。

2.為彌補自己的技術弱點，可以採取與之相適應的站位，如削球運動員正手差而反手好，就可採用右腳稍前、左腳稍後的站位。

3.選好基本站位後，還要注意根據對方角度的變化來適當調整自己的站位。如果對方站在球臺靠左角處發球，那麼接發球時自己左方照顧的範圍就要增大，此時就應略向左方調整一下站位。也可將注意力多集中於增大範圍的一方，而不必調整站位，這樣可以隱蔽自己接發球的意圖，使對手判斷失誤。

如圖 29 所示：ABCD 為球臺的四個點，AEF 為對方在右角發球時球的運行區域，BGH 為對方在左角發球時球的運行區域。

E—F 為對方在右角發球時接發球的左右距離。

G—H 為對方在左角發球時接發球的左右距離。

H—F 為對方在右角發球時接發球右方增大的距離。

G—E 為對方在左角發球時接發球左方增大的距

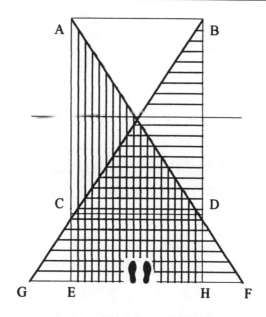

圖 29　接發球控制區域示意

離。

五、接發球的準備姿勢

選好站位後，還要有一個合理的準備接發球姿勢，才能做到快速而準確地接發球，接發球的準備姿勢要做到以下幾點：

1. 身體下肢諸關節都要保持一定程度的彎曲，並且髖關節屈，協助腹肌收縮使身體保持一定的前傾，膝關節屈至 145°左右，使膝關節的地面投影在腳尖部朝前

左側欄：發球與接發球

或略向內成八字形。

2.兩腳跟略微抬起前腳掌著地，身體重心落在兩前腳掌之間，兩腳之間距離約同肩寬或略寬於肩。

3.整個下肢肌肉就像加了壓力的彈簧一樣，可以迅速移動到接球的位置。

六、注意事項

1.由於乒乓球運動本身的特點，在接發球時，對腳步移動的要求是起動突然，移動快速。因此，膝關節不必深屈，如準備姿勢時膝關節過於屈，就會使股四頭肌加快疲勞。從而影響移步後需要的腿部爆發力。

2.在做準備姿勢時，腳跟不要著地。因為腳跟著地勢必使身體重心後移，那麼在移動腳步前蹬地時，還必須使身體重心移至腳前掌後再蹬地，這樣必然影響到移動速度。

根據運動生物力學的原理，腳跟在準備姿勢時微微的提起，不僅使腳弓富有彈性，加快移動速度，而且小腿也不感到疲勞。反之如果腳跟提起過高，或擊球時也沒有明顯的重心交換，這樣，小腿三頭肌沒有放鬆階段就會很快地感到疲勞。所以，對於初學者，要特別注意身體下肢各關節屈度要合適。否則，形成錯誤動作習慣，再改就困難了。

3.上體保持略前傾，手臂持拍處於半緊張狀態，將

拍置於身前，約比臺面高，肘關節靠近身體右側。前臂和上臂保持大約140°的彎曲。另一隻手臂也保持與持拍手臂差不多的自然彎曲，置於身體左側前，以維持身體的平衡。

這樣，在接發球時，有利於照顧到左右兩面範圍，並可照顧到接短球的便利。這裡應注意：如果肘部離開身體右側過遠，會造成正手接發球肘部抬高，不利於回接長球，同時也會影響到反手接發球的動作速度；如果肘部過於偏向身體左側，這樣雖然有利反手接發球，但會影響正手接發球的速度。

4.對於這個矮小的少年兒童運動員，為了保持球拍略高於臺面，前臂和上臂之間要小於90°，如果前臂過於放鬆，手持拍於臺面以下，不利於回接臺面內發球，而前臂過於緊張，手持拍離臺面過高，則會影響回接低而急的遠臺球的速度。

5.頭部保持正直，收下頜，自然地屏住呼吸，兩眼平視，集中注意力於對方發球的動作上。

總得來說，接發球的準備姿勢，全身肌肉都處於靜止工作狀態，特別是下肢尤其重要，大腿前部股四頭肌和小腿後部的小腿三頭肌協同用力完成屈膝提踵的動作。同時要平心靜氣，集中注意力。

發球與接發球

如何提高對發球性能的判斷力

一、判斷的作用

正確判斷對方發球的性能（速度、落點和旋轉），是練好接發球技術的關鍵。只有正確判斷對方發球的性能，才能用適當的方法去接發球，判斷不及時或判斷錯誤往往是接球被動和失誤的主要原因。

要提高接球的判斷能力，首先要深入研究發球技術。在熟練掌握自己特長的發球技術基礎上，還要看別人怎樣去接各種球並從中吸取經驗教訓。

當你對某種發球難於接好時，就更要多動腦筋，多觀察，請對方多發這種球，然後用各種不同方法去回接。當對某一種球用自己的特長接法接不好時，應大膽採取其他的輔助方法接球，有時也可以收到好的效果。

這就要求方法上靈活多變，善於思考。還要加強判斷的靈活性，在練習中多看、多練、多實踐，互相討論研究，找出規律和方法。

二、判斷的方法

1.要集中注意力觀察對方發球動作的細節

一般用眼睛的餘光就可以看清對方發球時上臂和前臂的揮擺動作。例如：對方緩慢而放鬆地將前臂向後拉，然後快速地向前擺動，就會發出急球；同時由下向上就是上旋急球，由上向下就是下旋急球，急球往往是落點長的底線球。

對方快速向後引拍，然後向前擺動，在接觸球瞬間突然減速向前擺動，使球產生很小的前進力，往往就是近網短球。前臂上下擺動，會發出上旋球或下旋球；前臂左右擺動，往往會發出左側旋球或右側旋球。

2.觀察手腕動作是掌握正確判斷的關鍵

必須高度集中注意力去觀察對方發球時的手腕動作，因為手腕做擺動動作時擺動幅度不大，不像前臂擺動那樣容易看清楚。

另一方面，在拍觸球的一剎那間對球所產生的旋轉變化，手腕擺動起著決定作用。這就是我們常說的手腕抖動。要看清手腕到底在發球時怎樣抖動，是掌握正確判斷方法的關鍵。

●當手腕動作和前臂擺動方向一致時，前臂揮動方

向就是球的旋轉方向。

●當前臂擺動而手腕固定不動時，發球的旋轉和速度就決定於前臂。

●當手腕動作方向與前臂擺動方向不一致時，則手腕動作決定拍觸球的旋轉性能，前臂的擺動主要決定發球前進力的強弱。

●當手腕動作方向與前臂擺動方向相反時，手腕動作使拍觸球決定發球的旋轉，而前臂擺動則是起迷惑作用的假動作。

以上分析可以看出，手腕動作雖然較複雜，但也有一定的動作規律，只要仔細觀察，反覆實踐，總結經驗，就會及時地判斷清楚對方發球的各種複雜性能。判斷對方發球的集中點，就是拍接觸球的一剎那間手腕動作促成的拍與球之間的關係。

另外還應注意，影響接發球判斷力的因素還有思想上過度緊張，這種緊張多產生於比賽中接發球連續失誤以後。此外平時練習中思想過於放鬆、不重視，也往往會導致比賽中接發球過於緊張。

發球與接發球

85

接發球的步法移動

一、接發球步法移動的特點和作用

步法移動是乒乓球的基本技術之一，也是接好發球的重要環節，比賽中，判斷清楚對方發球的性能後（速度、落點、旋轉），必須正確地移動腳步才能取得接發球的有利位置。

當然，有時對方發球正好發到自己站位的左右方，而且角度不大，但這種情況在比賽中是不多的。即使遇到這種情況，接發球時也有必要及時調整一下自己腳步的位置，才便於出手擊球。

接發球步法移動時，由於事先的站位已照顧到球臺左右前後各方面，這樣，在準確判斷情況下，移動的範圍就不會太大。由固定的站位準備姿勢到移動腳步，要比相持球中的連續步法跑動的幅度和難度相對小一些。

但另一方面，由於對方發球也是由靜到動，便於控制發球的速度、落點和旋轉，這就給接發球者提出了要求：必須在極短的時間內，快速起動移步到達合適的接發球位置去擊球，這樣才能贏得時間，提高接發球的主

動性。

二、步法移動的方法

1.快速的移動是以合理的站位和準備姿勢、及時而準確的判斷為基礎，以腿部力量為原動力。

2.要做到移步到位，首先就要做到及時起動，當對方發球、球還沒有離拍自己就起動，這是錯誤的，效果是適得其反。因為這樣就失去了正確判斷的基礎，對方會趁你腳步向一方移動而突然將球發到你的另一方。快速的起動必須是在對方發球時，球離拍後的一瞬間，這是接發球時步法移動的關鍵環節。

3.起動以後，就要按正確的步法移動方法進行腳步移動，在接對方發來的兩大角長球時，除了用削回接時腳步要做較大的後撤外（因為削球，運動員站位較遠，需要控制的範圍增大），一般用單步移動就可以了。

4.用反手推、撥技術回接反手位長球時，靠右腳內側稍用力蹬地。同時，左腳順勢抬起向左移出，左腳落地後，身體重心落於左腳上。

圖29～30所示為用單步回接正、反手位大角度長球動作。

5.反手削接左角大角度球腳步移動方法：

用削球接左邊大角度球時，兩腳蹬地，使身體向後方移動，同時向左後轉腰，隨之左腳落地。

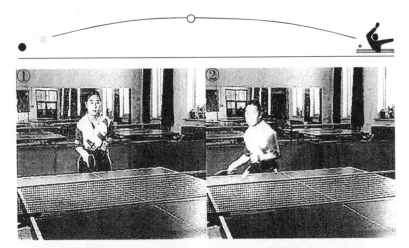

圖 29　用單步回接正手位大角度球動作

圖 30　用單步回接反手位大角度長球動作

6.反手位接發球搶攻技術動作及腳步移動方法

若用反手攻回接大角度長球時，先要向左轉腰，隨之以後腳前掌內側為支撐軸，帶動抬起的左腳後撤落地後，重心落在左腳上。

如果用正手側身搶拉或扣接這種球，就必須用兩腳前掌向右下方蹬地移動，並借助向後轉腰的力量，先將右腳右撤交叉到左腳後，緊接著左腳在身前向後滑動一小步，待移步到位的一瞬間身體穩定階段，身體斜對或側對球臺。如果對方發球角度不大，則身體重心落於左腳上，身體斜對球臺，如果角度較大，身體重心落於右腳，身體側對球臺。

7.正手位回接長球腳步移動方法：

接對方發到右角的長球，以攻為主的運動員一般多用拉或扣接發球。這時，靠左腳內側腳掌向左蹬地，隨著向右後轉腰的力量，右腳撤到左腳後，身體斜對球臺。若對方發球角度很大，則應兩腳一起向左蹬，左腳先跳一小步落於原右腳處，然後右腳隨著轉腰力量落到右後方，站穩後，身體重心落於右腳上。若用削球回接時，也可採用這種步法。

應注意：根據對方發球角度，適當調整步法移動距離，保持身體穩定。站穩後，身體保持一定彎曲。

8.回接右方中路球腳步移動方法：

接對方發來中路追身長球，以攻為主的運動員一般多用正手攻接發球，這時兩腳應迅速向右方蹬地，隨著

向右轉腰兩腳向左方跳移，右腳在後左腳在前，身體側對球臺，重心落於右腳上或採用左腳突然用力向左後方蹬地，隨後右腳借助向右後轉腰的力量撤到左腳後面，身體重心落於右腳上。

9. 回接左方中路球腳步移動方法：

若對方發出急球偏向自己左方中路時，可用反手攻或推擋來接發球，這時以左腳向左下蹬地，使身體和右腳向右方移動隨著收腹和急速地向左後轉腰將左腳撤到右腳後面，身體側對球臺，重心落於右腳。

10. 回接右方短球腳步移動方法：

回接右方近網短球時，要求左腳掌向後斜方蹬地，使另一腳抬起，身體隨之移動，用正手接對方發來的右近網短球，最好在身體前傾的同時，用左腳向左方蹬地右腳提起前移，使身體右側斜對球臺，這樣有利於手臂前伸，擊球時便於快速將拍伸到球的下面，接發球後也便於照顧反手位的來球。

11. 回接左方短球腳步移動方法：

回接左方近網短球時，考慮到便於手臂的伸展，仍採用正手接短球上步的方法，但這時左腳是向右方蹬地，使身體向左前方移動，身體斜對球臺。前腳站穩後膝關節彎曲，身體重心落到前腳上。如果對方發來的球不太近網，就可以右腳向後方蹬地使左腳向左前方跨步，這樣便於在接發球後照顧到正手右方來的球。

在上述回接左、右方短球的基礎上，根據自己的站

位及打法特點，選用相應的方法回接中路近網短球。

12. 注意事項及易犯錯誤：

腳步的移動方向是順著來球方向向斜後（接長球）或斜前（接短球）移動，使身體與來球之間形成合適的位置，才能保證接發球時擊球的準確性。如果步法移動方向和身體調整不及時或者不能形成合適的擊球位置，就容易造成接發球失誤或被動。

接發球的方法

在各種擊球手法中，最複雜且最難於掌握的，就是接發球手法。因為在比賽的一般擊球中，對方來的球旋轉多是單純一種旋轉，一般不是上旋就是下旋，如果對方擊球中偶帶側旋就會感覺比較難於還擊。

而接發球則不然，由於發球者是在主動的情況下，從靜止狀態開始且不受對手任何干擾地運用發球技術，發出的球旋轉變化多、落點活、動作相似。這就要求接發球的手法要變換得快、準，還要果斷；另外在接較複雜的旋轉發球時，還要控制好落點，力爭主動。因此，練接發球技術有時要比練發球難度更大。

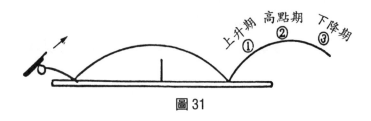

圖31

一、接發球手法的運用

在接發球中，要求用相同的手法或不同的手法回接對方發出的各種速度、落點和旋轉的球。

圖 31 所示為球在球臺面彈起後不同的時期。

接發球控制速度可以在來球的上升期、高點期或下降期接觸球。

在上升期接發球，可以加快回球的速度，從而縮短對方發球後第二板的準備時間，造成對方搶攻無力或來不及搶攻，這時接發球要特別注意：要控制住對方發球的強烈旋轉，因為此時是球最強的時間。在高點期接發球，球速較前慢了些，並且這時球彈起最高，可以加力回擊，提高接發球回球的力量。在下降期接發球，由於發球的旋轉大大減弱了，這時回接就容易提高接發球的準確性，同時可達到以慢制快的效果。

總之，善於抓住有利時機，靈活地在對方發球的不同時期回接球，可以提高接發球的主動性。

二、擊球時間的選擇

在接發球手法中，快推是在上升期接觸球，加力推是在高點期接觸球。

快搓是在上升期接觸球，慢搓或加轉搓球是在高點期或下降期接觸球。

在攻球的手法中，快抽是在上升期接觸球，掃抽是在高點期接觸球，拉抽是在下降期接觸球。

前沖弧圈是上升期或高點期接觸球，加轉弧圈則是在下降期接觸球。

在削球打法中，近臺削球是在高點期或上升後期接觸球，遠臺削球或加轉削球是在下降期接觸球。

另外，用相同的手法可以靈活地運用不同擊球時間來控制對方的速度。如用推擋在上升期接發球，回球速度快；如果在高點期加力推擋，回球力量大；如果在下降前期切、擠，可以使球產生下旋。

三、控制落點和線路

控制落點，接發球時應有斜、直線或長、短球的落點變化，可以採用逢斜變直、逢直變斜或同線回接，以及逢長變短、逢短變長、同點回接的控制方法。

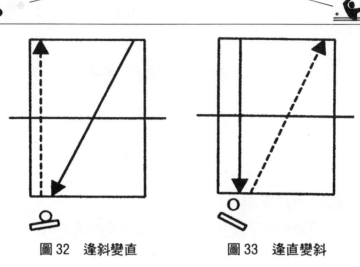

| 圖 32　逢斜變直 | 圖 33　逢直變斜 |

1. 逢斜變直

對方發大角度斜線球到反手後準備側身搶攻，這時可回直線到對方右角，迫使對方不能發球後進行搶攻。此時應注意接發球前手臂和拍形都要順著對方發球的斜線方向後撤。向前擊球時，手臂和拍形再突然改變成直線方向，增加變直線的突然性（圖32）。

2. 逢直變斜

對方發直線球後，接發球可送斜線，迫使對方移動較大距離去打第二拍造成被動（圖33）。

這時應注意，接球前手臂和球拍順著對方發球的直線方向後撤，然後向前擊球時，手臂向斜線方向揮動，同時控制拍形朝向斜線方向。

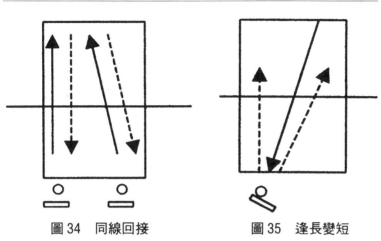

圖 34　同線回接　　　　圖 35　逢長變短

3. 同線回接

對方發斜線球或直線球後，根據不同情況，同樣回接斜線或直線，使對方不能搶攻。這時應注意，接球前手臂和球拍隨來球方向後撤，擊球時，再迎著來球方向揮動，拍形不變（圖 34）。

4. 逢長變短

對方發長球後準備加力搶攻。接發球時，可用減力擋或搓擺回接成近網短球，使對方不能加力搶攻（圖 35）。

這時，一方面應注意削減對方發球的前衝力，另一方面要控制好自己接發球的前進力。

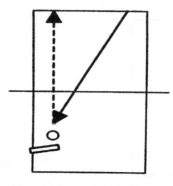

圖 36　逢短變長

5. 逢短變長

對方發短球後，可用推擋，搓球或臺內挑、撥、拉、點等手法接成長球，迫使對方必須後退擊球。這時，要力爭在來球的高點期接觸球，以加強接發球的主動性。同時，要注意手臂伸進臺內的過程中，肘關節要抬高，要沿著臺面前移，否則，會因拍插不到球下，造成錯誤的弧線，使接球下網（圖 36）。

6. 同點回接

對方發長球後，接發球同樣回長球。對方發短球後，可以用輕搓、擋或挑、撥的手法同樣回接短球，以達到控制對方的目的（圖 37）。

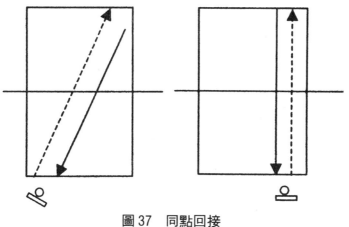

圖 37　同點回接

四、旋轉球的回接方法

對方發球不僅有速度和落點的變化，而且還會帶有複雜的旋轉變化，如上、下旋球或左、右側旋球，以及兩種旋轉球混合在一起的發球。這樣在接發球時，就要根據對方發球的各種不同旋轉來調整拍形和接觸點，以及用力方向和用力大小。

1.接上旋球

用推擋或用沖扣接發球時，拍形要前傾，多向前下方用力，並根據旋轉的強弱來加大或減小拍形前傾和向前下用力的程度。用搓球削球接發球時，要將拍豎起一些多向下用力削。如要加轉削球，可離臺遠一些再接觸

球，並且增加向前用力。

總之，不論用什麼手法都要注意控制住來球的前衝，以免接發球出界。

2. 接下旋球

用搓球、削球接發球時，要使拍多後仰一些，多向前用力，並根據來球旋轉的強弱增大或減小拍形後仰，及向前用力的程度。用反手推擋接發球時，拍形要先後仰，以便接觸球的中下部，擊球時，前臂旋外用力，同時伸肘，向前上用力。用沖或拉接發球時，要加力向上揮拍。用扣殺接發球時，要用拉扣結合（先拉後扣）的手法。總之，不論用什麼手法，都要注意控制來球下旋墜力，以免接發球下網。

3. 接左側旋球

不論用什麼手法接發球，都要注意控制住來球不向球臺的右邊（指接發球一方）飛出。如接對方發來的直線球，則接發球要使拍接觸球的中後部。如接對方發來的斜線球，則要使拍接觸球的中部偏右，對方發球的左側旋力越強，拍接觸球的部位越要注意偏向右邊。

用同線回接的方法，準確性較高。若用逢斜變直或逢直變斜的方法，則要注意拍接觸球的部位微微向球的左方變換一下，並且要向上拉抽或向下削搓用力加轉。還要注意，對方站在球臺左角用正手接左側旋球時，最

好用異線回接,即逢斜變直逢、直變斜的方法接發球。

4. 接右側旋球

同接左側旋球方向正相反。接直線球時,接觸球的中部偏左,才能使拍控制住球,不向臺邊飛出。

5. 接左側上旋球和左側下旋球

接左側上旋球時,要使拍接觸球的偏右中上部,這樣,在控制了左側旋轉力的同時,又控制了來球的前衝力。接左側下旋球,要使拍接觸球的偏右中下部,這樣,在控制了左側旋轉力的同時,又控制住了發球的下旋墜力。

6. 接右側上旋球或右側下旋球

回接右側上、下旋發球時,要使拍接觸球的偏左中上部或偏左中下部。這樣,在控制了右側旋轉力的同時,也控制了上旋(或下旋)力。

水準較高的運動員,每一個發球都可能具有強烈的旋轉、刁鑽的落點和出人意料的速度。這就要求接發球時要具有熟練的手法,同時控制對方發球的旋轉、落點和速度。

切記:技術水準的提高是汗水的結晶,熟能生巧、多想多練,才能做到在 0.1～0.2 秒的時間內判斷清楚來球的性能,準確地接好發球。

接發球技術的運用

根據對方發球的質量，能巧妙、靈活地運用接發球技術，是得分取勝的關鍵之一。不同類型打法的運動員，在運用接發球技術上也有各自不同的特點。

一、左推右攻打法的接發球技術運用

我國左推右攻打法的運動員，在回接左方側上旋球時，一般用反手推、擠斜線或直線，有時配合在高點期用加力推對方的空檔或近身處。回接對方發來速度不太快並帶有下旋的球，可用側身拖拉弧圈球技術。

對於接右方發球，除接正手的近網短球時適當用正手快搓和挑、撇外，其他不論接什麼發球都採取積極主動進攻的方法，都爭取打在前面。處理近身發球時，一般側身用正手拉或扣斜線到對方反手或正手空檔處。

二、兩面攻打法的接發球技術運用

兩面攻打法的運動員，在接左方來球時，應充分發揮反手起板的特點。對於長急球可後退一步，將球讓開

再起板，也可用反手在球的上升期起板快抽；來不及起板時，也可配合推壓一板。接短球時，可上前用反手挑、撥壓住對方，爭取主動。

回接加轉的近網下旋球可採用快擺短球或加轉劈長的方法。回接對方發來的中路近身球時，可側身用正手拉或抽殺對方反手來壓住對方，變被動為主動。來不及側身時，也可用反手擋一板或拉一板對方的反手或空檔處。在用反手拉時，應使身體略向左側，肘部突出一些，收腹，使拍有向後引的餘地，便於發力。

三、單面拉弧圈球打法的接發球技術運用

以拉弧圈為主的運動員，回接左角發球，應儘量多側身將球拉起到對方弱點處，以壓住對方。接右角發球也應以斜線或直線弧圈來控制對方，爭取主動。對於近網球除對方加轉不便於拉起外，如運用搓、挑、撥的方法，將更有利於接發球的主動。

四、削球打法的接發球技術運用

以削球為主的運動員，可用轉與不轉的削球控制落點，回接各種發球。特別是接近網短球時，應掌握臺內搓加轉球的技術，將球搓到對方空檔或反手。在接中路近身球時，注意削轉與不轉球，或側身搶攻一板來爭取

主動。在接兩角急球時，出其不意地運用推擋（反手）和快攻（正手）打一板，可以達到用速度控制對方的效果。對於削球運動員，特別注意不要用清一色的削、搓去接發球，否則就容易減小接發球的威脅性，造成自己被動挨打。

五、攻守結合打法的接發球技術運用

攻守結合的運動員，由於進攻技術較前者更熟練，因此也就為接發球技術的運用創造了條件。可吸收左推右攻接發球的長處，結合自己的特點組織接發球技術。

對於一名乒乓球運動員來講，掌握一兩套有效的發球技術就可以應付比賽中的各種局面。但對於接發球技術，卻必須全面掌握各種手法，這樣，才能做到隨機應變，積極主動。接發球技術像其他技術一樣，也必須貫徹我國乒乓球技術「快、準、狠、變、轉」的風格，才能取得積極主動的地位，從而得到充分發揮其他進攻和防守技術的作用。

隨著乒乓球技戰術的發展和提升，培養積極主動的接發球搶攻意識及控制能力顯得越來越重要。如果接發球技術還是以穩為主、以搓為主的打法意識，則無論如何是不能取得好成績的。

一名經過多年刻苦訓練的乒乓球運動員，其風格、打法、意識的形成必須從少兒時期開始，一點一滴地逐

漸培養。有經驗的教練員常說：「 技術好練，意識難培養。」可見意識的培養和形成，必須從小培養。

對幾種主要發球的回接方法

接發球的方法是多種多樣而不是千篇一律的。即使是接同一種發球，由於每個人的打法各異、技術水準不等，因此在回接方法上也有所區別。

下面介紹幾種主要接發球的方法，多以橫拍或直拍進攻型打法為主。

一、接急球

所謂急球是指對方發出的直線、斜線或中路底線的長球，具有角度大、速度快的特點。

回接急球時，站位應偏遠一點，以便做好充分的準備，判斷和起動都要快。根據來球的速度、旋轉和落點，採取點、拉、沖、撥、推等方法回接。

接正手位的奔球、側旋球或側上旋球，都以點、攻、沖為主；接側旋急長球，以拉沖為主。接反手位的奔球、側旋或側上旋球時，多以快推、快撥對方大角度或用反手攻和側身點、沖方法。

二、接下旋球

接下旋球可採用穩搓、擺短、劈長、挑、沖拉等方法。

對於初學者，回接下旋球的最基本方法就是穩搓，要求搓穩、搓低，不能下網。

對具備一定水準的乒乓球運動員，接下旋球時，一定要積極主動，要加大回接難度質量。如對方發球旋轉很強，就要用擺短、劈長方法回接，還要加大回接的旋轉和落點難度。

由於下旋發球具有速度不是太快而旋轉變化較大的特點，因此，接發球的準備時間相對較充足，而在判斷旋轉強度和回接球的手上控制難度要加大。

強烈下旋發球，一般都用手法相似的不轉發球相配套。這就要求接發球者判斷準確，看清來球旋轉強度和落點後，敢於上手。如果沒有膽量，求穩搓接，甚至托接，多半會被對方搶攻。

搓接不轉球，不會使球產生較大旋轉變化，容易被對方搶攻，造成被動或失分。

在運用反手拉技術回接反手位側下旋長球時應注意：如對方發球的速度不是太快、角度不大、旋轉一般時還比較容易回接。但如果對方發球質量較高，就要求兩面拉球或沖球時手感強，用摩擦旋轉來克制對方的旋

轉。讓位要充分,搶沖對方兩大角。如能對來球旋轉判斷準確,用搓擠的方法回接也很有效。如對方的發球是急下旋,用正常的搓球方法回接容易出高球,用推、撥的方法回接又容易下網。

這時可用搓擠回接,還可使回球產生一定的急下旋,但要注意掌握好擊球時間、拍形及用力方法。

當今一些世界優秀選手發急側上、下旋長球,在速度、旋轉和落點上的質量都很高,主要戰術目的在於牽制對手,鎖住接發球者的站位,然後,以基本功的實力進行相爭。

總之,在接發球技術上,運動員必須全面掌握各種手法,這樣才能做到隨機應變,積極主動。

三、接左、右側上、下旋球

站在反手側身位用正手發球,使球產生左側上、下旋。站在反手側身位,用反手發球,使球產生右側上、下旋。目前,在國內外運用此種發球的選手為最多。無論是高拋還是抵拋、反手還是正手發球,除下旋轉與不轉球外,基本上都是左、右側上、下旋球。但左、右側上、下旋球是一個統稱,也只是一個旋轉的概念,並不包括速度和落點的因素。左、右側上、下旋球都有斜線長、短球,中路長、短球,直線長、短球之分。

在這其中,還有以旋轉落點為主或以速度落點為主

之分。同樣是左側下旋斜線長球，一個是斜線角度大，旋轉較強；另一個則可能是斜線角度大、速度快。

因此說，左、右側上、下旋球是一個統稱。如果詳細用旋轉、速度及落點劃分起來，可分出幾十種。

對發球者來講，較大的發球旋轉反差變化，都是在球拍觸球的一瞬間，通過調整拍形和觸球用力方向而產生的。這就要求接發球者在判斷準確的基礎上採用相對固定的接發球模式，並在這一接發球模式制約下，加強有針對性地強化訓練，以提高接發球的質量和命中率。

接出臺長球或半出檯球，無論是直、中、斜線側上、下旋或半出檯球，一定要立足於搶拉、搶沖或搶點。至於在什麼情況下運用，則要根據對方發球的速度、旋轉及落點而定。接旋轉較強的側下旋長球和半出檯球，以搶拉加轉高吊球弧圈為主。

接旋轉一般、速度較快的側旋、側下旋或側上旋球應以沖點為主。

直握球拍接反手位斜線大角度長球時，要求步法移動要快，讓位要充分，側身搶拉或者搶沖。如來不及側身，能用直拍反手橫拉技術最好，用反手橫拉搶先上手後可制約對方發搶，變成上旋球後打來回、打擺速，就不至於陷入被動。

當然，回接反手位側旋或側上旋球，用推、撥、擠或反手攻的方法都是有效的，關鍵是推、撥、擠攻的質量，要求在不失誤的前提下，速度快、力量大、落點

刁。

四、接短球

短球也是一個統稱，從路線上可分為反手位、中路、正手位短球。從旋轉上可分為上旋、下旋、側旋、側上旋、側下旋和不轉的短球。

在接短球的方法上，要根據不同球性而異。當然不排除同一種發球可用幾種回接方法。

比如：接正手位一般側下旋的短球，可擺短、也可以劈長，可快挑、也可以晃接。在這種情況下，接發球的方法就取決於你本身接發球的能力。如能熟練地掌握和運用上述各項技術，就應以速度快，積極主動的挑、撇為主，以提高接發球的質量。

目前，高水準的乒乓球運動員接發球搶攻能力都很強，對出臺或半出臺球，無論其旋轉速度如何，都能以質量較高的弧圈球進行接發球搶攻。這就迫使發球者多以短球為主來制約對方，而且短球發的落點嚴格，球的第二跳都不得從球臺的邊線或端線出臺，同時還伴有手法極相似的旋轉反差變化。因此，要求回接短球時首先是頭腦冷靜，判斷準確；然後是接球的方法合理，快挑、擺短、劈長等方法要合理運用。要根據來球的性質及本人技術水準、打法特點來選擇回接方法。

值得注意的是，受固有的打法意識影響或恐懼對方

弧圈球的心理作用，有些選手的回接短球方法以擺短多，而劈長、撇長少，顯得接發球過於保守且威脅性差。應當講，快速加轉擺短球對制約對方搶攻是一個行之有效的方法，但一味地擺短，使回接球的落點、線路變化不多，也會削弱擺短威脅。

發長球要有不怕對手拉的準備，主動打實力。劈長球也一樣，迫使對方大幅度移動和讓位，搶拉弧圈，然後，你有充分的時間準備和落點制約，準備帶、打弧圈，進行實力之爭。如果擺短出半高球，易被動挨打，球靠近球網，易被對方搶攻。

因此，接對方旋轉反差很大的短球進行擺短，要求回球快、短、低、轉，缺一不可。

劈長球，多半是正手空位大角度或反手位追身。回球角度大、線路長，容易在下一板球轉為相持。因此，回接短球時，一定要提倡積極主動，多以挑、點、撇、為主。然後，是根據來球擺短、劈長靈活運用，不拘一格。回接的方法多，落點活。

當然，接發球的方法不排除戰術的需要，而且服從戰術的需要還是第一位的。

比如：對方發球搶攻是特長，是主要得分手段，尤其是擅長正手位和中路搶拉弧圈球。那麼，就要求接發球的第一板，死逼對方反手位大角度，使其很難側身搶拉，只好再過渡一板。這樣從整體戰術的角度要求，就有效的破壞了發球者的搶攻。在回接球的方法上，要求

落點嚴格是非常重要的。

直握球拍運動員接發球技術的特點及應用

一、技術特點

從目前來看，直拍運動員在中遠臺相持能力和兩面搶拉弧圈球的旋轉和力量上，與橫拍打法相比較，在整體上尚處於下風，因此，努力接好發球，爭取主動和搶先上手，發揮「前三板」優勢，對於彌補相持實力不足等方面有著重要的意義。

直握拍的手腕靈活，拍形變化和調節多樣。在接台內球時，可以有快搓擺短，快捅底線長球，撇大角，快挑多種落點；還有擰搓左、右側旋、擰挑左、右側旋，推送下沈球等等技術手段。這些多種多樣的手段和落點、節奏及旋轉的變化，可使對方難以判斷和搶攻。

我國優秀直拍選手的接發球技術動作要比橫拍選手靈活、多樣，能充分顯示出直拍打法的技術特點和技術優勢。如奧運會雙打冠軍呂林就較好的掌握了這些技術，他的接發球技術對其整體打法水準的穩定發揮了非常重要的作用。

隨著乒乓球技術的不斷發展，直拍接發球在其自身具有的特點和優勢同時，也存在著一些問題與不足，解決這些問題與不足，使直拍接發球技術不斷創新是一個非常重要的課題。

二、存在的技術弊端

1. 接反手底線球是弱點

　　有些直握球拍選手，由於受打法的限制，在回接反手位底線長球時感到有難度。如果側身搶攻技術回接，被對方壓變正手空檔後顯得被動；而用保守的反手推、搓技術回接過去的球，又因為缺少速度和旋轉質量，易被對方搶攻，同樣被動。

　　所以，不少直板選手對回接反手底線球存在著思想顧慮。如果平時訓練只是定點練接底線長球又與比賽實戰結合不上；有些選手單面跑動的步法能力稍差，加之比賽中的球速、線路、旋轉又具有高難度的無規律變化，這些都增加了直拍選手回接反應底線長球的難度。

2. 劈長加轉能力不強

　　在回接臺上旋轉球時，運用劈長加轉技術是一種很有效的方法。在實戰比賽中，有時對來球旋轉判斷不清楚，勉強使用其他方法回接又沒有把握，容易造成直接

失分。在這種情況下，可運用劈長技術將來球加轉至對方底線大角度後，迫使對方退臺後再搶攻。這樣使對方在發球搶攻時，由於受回球角度大、線路長和旋轉強的制約，因此，難以產生威脅較大的搶攻，很容易形成相持球。

對直握球拍選手來講，中、遠臺打相持球的能力不如橫拍選手，由於直拍選手存在著不主動打相持球的戰術意圖，所以，這也是造成直握球拍選手劈長加轉能力不強的主要原因。隨著乒乓球技術的不斷發展，直拍選手劈長技術的訓練應加強。

3.反手橫拉技術亟待提高

直拍選手為了改變反手位接發球技術的保守和被動的現狀，創新運用反手橫拉技術，搶先上手，力圖爭取主動。但由於反手橫拉技術出現的時間不長，運用這種技術的選手還偏少，拉球質量與橫拍選手相比也有差距，因此，其技術運用尚待完善與提高。

4.缺少主動意識和製造難度意識

接發球力爭主動就必須做到盡力搶先上手，保證命中率後爭取連續進攻；如果對方發球難度較大而不能搶攻時，無論是搓長、擺短或輕挑，都要在弧線、落點、節奏包括手段變化上盡可能給對方製造難度，使對方不易上手。

這種主動意識和難度意識在青少年訓練中尤其重要，這也是在選材或初級訓練中發現苗子的一個重要因素和條件。因為其他的基本功通過訓練相對容易提高；而上述意識的形成則不是光靠練能解決的，而需要平時多動腦筋，逐步培養出這種主動意識和難度意識。

總之，直拍打法要想擺脫目前接發球環節上面臨的各種困難，只有在接發球技術上進行大膽的創新和不斷進取。

三、直拍打法特有的接發球技術
——擰搓和擰挑

1. 擰搓（圖 38）

站位姿勢要根據個人打法及習慣而定，但要注意保證兩腳間的前後距離，不要平行站位，要注意屈膝，前腳掌用力，持拍手與前臂保持彎曲，與臺面同高或略高。

接短球時，腳步首先到位。然後，身體先去對球，千萬不能先伸手去對球。前臂保持彎曲，觸球後，在上臂帶動下繼續向前用力。拍形稍豎立，拍頭朝下，緊靠著臺面向前插進，使球拍低於來球的上升高點。

對付下旋球。拍形稍後仰，用手腕抖動摩擦來球的側下部，吃住球向左或向前上方摩擦，可按自己的意圖

圖 38　接發球撢搓動作

回接到對方球臺的任意落點。

　　對付不轉或上旋球時，拍形直立，觸球的中上部或側面中部，按自己的意圖向左右前方摩擦撢球，回擊到對方臺面任意落點。這樣搓撢出去的球，帶有左右側上或側下旋。這種接發球手段較為隱蔽，出手瞬間變化快，加上快擺短球的配合和控制好左、中、右三個落點，使對方發球後，很難搶出較高質量的弧圈球，可以為自己下面的主動進攻或主動相持爭取機會。

2. 撢挑（圖 39）

　　撢挑技術是撢搓和快挑技術的結合，多用於回接臺內轉與不轉的短球。在回接臺內不轉球或旋轉程度一般的下旋球時，使用撢挑技術。可以克服一定旋轉，使回

图 39　接发球撑挑动作

球產生較快的速度和側拐，容易為下板搶攻創造機會。

　　準備姿勢：腳掌用力，持拍手與前臂保持彎曲，與臺面同高或略高。拍形略前或直立，根據來球旋轉適當調整拍形和用力方向。

四、直拍接發球技術的訓練要求

　●要有敵情觀念，訓練中必須結合實戰，進行不定點的長短球結合練習。有些運動員在定點訓練中，接發球技術還可以，但每逢實戰比賽卻往往暴露出接發球失分的弱點。這說明平時訓練結合實戰不夠，要提高接發球的能力，還要做到從難、從嚴、從實戰需要出發，加強敵情觀念。

　●直拍的特點是手腕靈活，動作多變。在練習中要儘可能發揮這一優勢，並逐步提高接發球的能力和信心。

　●對於反手底線長球的薄弱環節必須解決，做到沒有明顯漏洞，不受對方牽制，這樣才能全面、靈活地運用各種接發球的技術。

　回接反手底線長球雖是難點技術，但隨著直拍技術的創新，也可以得到彌補和解決。

　能用側身搶拉弧圈球技術時要堅決側身。為了提高回接質量也可以倒板搶拉，用反膠側身搶拉弧圈球來提高接發球的搶拉旋轉。

　●要根據個人打法特點，從準備姿勢及引拍動作開始，先側重於接短球的基本準備方法，直板正膠快攻選手應以中近臺站位為宜，側重準備接臺內及半出臺球為主。要求選手在準備姿勢時，手不能沈得太低，擊球時

以手腕和前臂動作為主，這樣在使用挑、點技術回接短球時，能加快速度、提高質量。如果是以拉弧圈球為主，則站位離臺稍遠些，可以先準備長球，引拍動作稍大，配合上臂用力動作；接短球時，以擺、捅長球有擰、挑、搓左右側旋為主。

接發球的訓練方法及要點

接發球技術水準的高低取決於對諸多基本技術的掌握程度及運用能力。只有使運動員在理論上先瞭解各種發球在速度、落點、旋轉上的特點及性能，並通過專門、系統的反覆訓練和比賽，提高觀察判斷能力和適應能力，才能不斷提高接發球的技術水準。

接發球屬於難度較大的一項綜合性基本技術，它不僅要求運動員在場上頭腦冷靜，觀察、判斷能力強，而且在運用接發球手段上，對諸多基本技術要能做到綜合靈活地運用。

在實戰比賽中，發球一方要集中全部智慧和能力，盡力在假動作掩護下發出速度、旋轉和落點難度很大的球；這就要求接發球一方首先要判斷準確。然後，科學合理地運用各種相應的有一定難度的技術來回接。

下面介紹幾種訓練方法

一、用固定的方法回接單一旋轉或 落點來球的訓練

此種訓練方法多用於初級水準運動員。但對高水準的運動員有針對性地突出解決某一落點或旋轉的球，也是行之有效的。

在訓練前，教練員必須先從理論上講解清楚，如此種發球的速度、旋轉及落點性能，應該用哪一種固定的方法回接最為合理，以及這種固定回接方法的動作要領。對高水準運動員，可圍繞自身打法，堅持運用一種固定的高難度回接方法。在訓練上採用多球訓練方法更為有效。

比如回接反手位半出臺下旋球，對於初學者。可固定用反手搓球的方法回接。要求做到儘量減少下網失誤，逐漸體會、掌握搓球動作要領，穩搓、低搓。回接球的落點也要求固定單一。

練習時，採用一筐多球 200 個×5 組。

發球者用每筐 200 個球為一組，向接發球者反手位發半出臺的下旋球，要求接發球者作好充分準備，彎腰屈膝，用反手搓球技術將球回接到對方反手位。

多年的實踐證明，這種用多球單練的形式，回接單一旋轉和落點來球的訓練方法是非常有效的。對初學者訓練要求是用多球單練方法學習和掌握某一種單一回接

球技術。教練員要有目的地要求運動員逐漸掌握對某一種接發球技術的動作要領。在訓練內容及方法上要求發、接球雙方以 200 個球（一筐）為一組，連續向接發球者發出某一種旋轉或落點的球，接發球者必須以單一技術回接。先體會正確地動作要領，加強手感，在保證命中率（數量）的基礎上，提高回球質量。

用多球單練方法，對解決高水準運動員在接發球中重點技術環節也會收到突破性效果。

例如：某一名高水準運動員，在比賽中回接反手位底線長球有比較明顯的技術漏洞，也是比賽失敗的主要原因。這樣就要求發、接球雙方也以 200 個球為一組，密切配合，儘量結合實戰中暴露出的主要接發球弱點反覆體會訓練，以達到練習目的。

這種固定、單一的接發球訓練法對初學者和優秀乒乓球運動員都有很高的實用價值。

再如：接正手位強烈下旋短球是某運動員的「盲點」。由於在戰術和打法的要求下不僅不能直接失分，而且還要積極主動，制約對方發球搶攻，因此，就要求你回接正手位短球要以快挑兩面大角為主。這不僅有對旋轉程度的判斷，更重要的是掌握好擊球時間，手腕控制拍形，快速向上、向前挑起，摩擦恰到好處。既能克制對方的強烈下旋，又能使回球產生一定的速度和落點難度。

這樣就需要在訓練中，與發球者密切配合，反覆練

習，逐漸體會掌握。

注意事項及訓練要求：

●靈活運用固定的單一接球訓練法。可根據運動員的運動年限，現有技、戰術水準及各自的不同打法分成許多種。

比如：在反手位用固定的推、撥方法接左、右側旋球或左、右側上旋球；用固定拉吊加轉弧圈球的方法，回接反手位半出臺下旋球；用固定的反、正手挑接方法回接近網短球等等。

●回接方法要根據打法而定

每名運動員圍繞各自的打法，對同一種發球所採用的接球方法也都有所不同。進攻型打法在接發球上就要堅持搶攻，防守型打法就要堅持穩接削逼的方法。所以，在確立某種回接方法時要根據打法而定。

●對技術標準的要求

對各自不同接發球方法所具備的技術水準，應有具體的定性或定量標準：如點得準（用百分比計算點的命中率），拉得轉、沖得快、劈得長、擺得短（都要有區域、旋轉強度和線路要求）。

要求搶接意識要強，根據來球的旋轉強弱、落點長短加以調整，逐漸提高搶拉使用率和命中率。

教練員在對接發球者提出要求時，對發球運動員的動作規範及發球質量也同時提出具體要求，這樣，可做到雙向受益。

二、回接對方以近似手法發出不同
旋轉球的訓練

掌握這種接發球技術要求接球者首先具備準確地觀察判斷能力,然後是手腕調整能力。要求接發球者在接發球時盯住發球者,要仔細觀察球拍觸球瞬間拍形角度的變化,用力大小的變化,用力方向的變化,以及球發出後的運行速度和反彈角度的變化,及時、果斷、準確地作出判斷,並儘快調整接發球方法。

目前,用相似手法發出兩種旋轉反差較大的來球,大致可分為:

- 正手強烈下旋與不轉球
- 反手強烈下旋與不轉球
- 正手側下旋與側上旋球
- 反手側下旋與側上旋球

以上四種旋轉反差較大的發球,應在同一落點或區域內進行練習。

1. 對旋轉性質的判斷

訓練前,教練員要首先講清楚對兩種不同旋轉發球的判斷方法和旋轉反差程度,然後是接發球的方法。

比如:對發球者站在側身位,發至接發球者反手位側上、下旋的判斷。

發側上旋球時球拍觸球一瞬間，拍面幾乎垂直於臺面，球拍向側上方用力摩擦，球的反彈速度略快。

發側下旋球，球拍觸球的一瞬間，拍面略後仰，球拍觸球時，向前下力摩擦用力，球的反彈弧線偏低，反彈速度略慢。

在練接發球之前，不要急於上臺接球，先讓隊員反覆觀察判斷，提高觀察判斷能力。判斷是先決條件、是基礎。正確的方法來源於正確的判斷。

在準確判斷的基礎上，採用正確的回接方法。如對側上旋球可用推、撥、點、沖等方法回接；對側下旋球就可用搓、拉的方法回接。

2. 對旋轉強度的判斷

在回接反手位或正手位側上旋和側下旋球時，關鍵是對來球的旋轉性能及程度判斷清楚，這樣才有可能採用正確的回接方法。高水準運動員的發球旋轉反差很大，要有充分的估計和準備。

同屬側下旋球，還有速度一般旋轉較強和旋轉一般，速度快、落點變化之分。

對用相似的手法，發出的是兩種旋轉反差很大的球，只有判斷準確後，才能正確運用合理的接發球方法。

發以速度為主旋轉為輔的快球，必定是有落點變化的長球。

如果發旋轉為主、速度一般的球，基本上以短球為主。因為對出臺的長球，就是旋轉再強，對方也會用拉加轉弧圈球回接。並且在拉球位置及時間上都會有充分的調整餘地。

3.回接方法

回接長球時，要在看清旋轉的前提下，採用沖、拉、撥等方法回接。

回接短球時，要在看清旋轉的前提下運用點、挑、擺短、劈長、沖、撇等方法回接。

在此種接發球方法的練習中，為了達到較好的訓練效果，也要遵循先易後難、循序漸進的訓練原則。首先，對某種固定落點和固定兩種旋轉的發球，用固定、單一的方法回接。

比如接反手位的側上旋球就是推、撥；接反手位側下旋球就是搓球。在要求上，以不直接失誤為主。初步體會接側上旋和側下旋球時，球速和旋轉強度，以及拍觸球後手上的感覺。

然後，再逐漸要求提高回接球質量。比如：用推、撥方法回接球要速度逐漸加快，用搓球方法回接球時，要求回球弧線要逐漸壓低。

三、多球練習法

利用多球進行接發球技術練習，可以減少揀球時間，在單位時間內，提高接發球次數。

具體方法如下：

教練員、陪練員或發球隊員站在球臺一側，採用多球單練的形式，用相似的手法發出同一落點或兩種不同旋轉的球。接發球者在球臺的另一側，用固定的兩種手法回接這兩種發球。這種接發球練習方法對各級水準的運動員都很實用。但根據接發球隊員的水平情況，在具體方法和要求上要區別對待。

比如：對初學者，接側上旋球多半是出界失分，接側下旋球多半是下網失分，有時還判斷不清。那麼，就採用多球單練的形式，要求接發球者逐漸掌握擊球時間，調整拍形及用力方向，合理運用搓、推的方法進行回接。

而對於高水準的選手，則在練習方法和要求上要根據練習目的和任務，有針對性地突出解決某一技術環節的問題。

四、配合練習

這種練習方法更具實戰性。發球者將發球配套成

龍，而接發球者練習對各種來球的判斷及回接能力。

採用這種練習方法，沒有主練和陪練之分。發球者可按自己的打法，將常用和具有特點的發球，根據實戰需要有目的、有計劃地進行練習。接發球者可根據對方的發球結合自身打法，有目的地練習接發球技術。

比如：發球者要練發短球後的搶攻能力，而接發球者又要突出解決正手位接短球差的薄弱環節；發球者要練發至對方反手位大角度長球後搶攻，而接發球者要解決回接反手位長球的搶拉能力。這樣，發球和接發球雙方就可以相互配合進行練習，從而收到雙重效益。

五、模擬練習法

對高水準運動員來講，在接發球上，不僅不能失分，而且還要有高難度的質量要求。比如：劉國梁在回接瓦爾德內爾的高拋強烈下旋與不轉球時，不僅要判斷準確，合理運用點、挑、拉、擺等技術動作將球回接，並且要達到制約瓦爾德內爾發球搶攻的程度。那麼，劉國梁在運用此訓練法時就要求陪練者模仿瓦爾德內爾的發球，在發球的旋轉、速度、落點上要近似於瓦爾德內爾。而要求劉國梁在接發球方法上，必須運用能達到制約和限制瓦爾德內爾輕鬆搶攻的程度，絕不是以過網或不直接吃球為目的，要增強接發球難度。

可見，對高水準運動員來講，回接球的難度、質量

及制約程度是至關重要的。

在運用類比練習方法時，對練習的形式和內容應有要求，關鍵是對技術質量標準的要求。

首先，對發球者在模擬程度上，應該有嚴格具體的要求。雖然主練者是接發球者，但發球者如果發出的球與被模擬者相差甚遠，使接發球者感到沒有難度，也就無從談到練習效果。

在一定難度制約下，再要求接發球者在靈活、合理運用各種接發球方法時應做到：要挑就挑得速度快，角度大；要點就點得準，有速度、有力量；要劈長就劈得低而長；要擺短就要短而低、旋轉強。對有些接發球方法，在運用時可能會失分率較高，但千萬不能放棄。因為失分率高並不完全說明接發球的方法不對，而是對這種難度較大的接發球技術沒有完全掌握。

比如，回接正手位下旋短球，穩搓回接必定失分率要低，用快挑回接失分率要高，尤其是對初學者，用挑的方法失分率會更高。而一旦掌握了用快挑方法回接，則將會產生較大的難度質量。

六、用不同的技術方法回接同一種發球

在比賽中經常會出現這種情況，為了制約對方，服從戰術的需要，對同一種發球，由於對手不同和打法不同，必須採用不同的回接方法。這樣，就要求接發球者

應具備對同一種發球有多種回接技術方法。

比如：對回接反手拉半出臺的下旋球，要用側身搶拉加轉弧圈球的方法回接。並能拉到對方反手位斜線的大角度，還能拉到中路和直線。這樣，在比賽中就能根據對方站位和打法特點，合理、靈活運用。如果運用反手弧圈球技術回接，也要能拉多線路和落點；用搓球方法回接，也要搓出穩、低、轉的直、斜線，長、短球來。

此種練習方法要求，發球者為陪練員，接發球者站在擊球前準備姿勢的位置上，根據來球快速移動至合適位置，用不同的技術方法，回接對方同一種發球。關鍵是：無論使用那種回接方法，回接球質量都要高。

● 如何合理運用回接技術，也是練好接發球技術的關鍵。

根據各自的不同打法，在接發球方法上，儘管有所區別，但也有可遵循的普遍規律和具體的技術要求。

比如：回接正手位下旋長球，用正手拉加轉弧圈球至對方斜線、中路或直線。回接反手位下旋來球時，練習用反手拉弧圈球回接各種落點，也可以再靈活地練習用反手加轉搓接至對方不同落點。

比如對接正手位上旋短球有多種方法：點、挑、撇、沖等都可靈活運用。回接正手位下旋球短球，也可靈活運用挑、劈、擺、撇至對方球臺不同落點。在回接反手位側上旋或側下旋長球時，也有多種靈活的方法回

接。因此，運用這種接球發球方法在練習中重點強調如下要求：

（1）要根據接發球者本身的打法特點，採用不同的回接方法。比如：攻削結合打法的選手在回接反手位長球時，多以削逼為主。以兩面弧圈搶拉為主進攻型打法的選手，在回接反手位長球時，則多以反手搶拉弧圈為主。

（2）在技術運用上，教練員要講清講細，即對接每一種發球的技術動作、來球性質及怎樣運用各種技術動作將球回接至對方各種落點，都要進行清楚細緻的講解與示範。只有使運動員先從理論上完全理解，才能使運動員在實戰練習中對出現的各種失誤及錯誤動作達到自我思考，找出原因。

對挑接正手位短球，教練員必須首先講解清楚，正手位短球有上旋、下旋、不轉、一般不旋、強烈下旋和強烈上旋之分。如果都用挑接方法回接，則應說明對各種不同旋轉的來球在技術動作和手法調整上應如何運用。至於效果如何，則是運動員在練習中要解決的主要技術問題。

（3）在練習時，一定要圍繞每人各自不同的打法，以一種回接方法為主，反覆練習，加強手感，提高質量。只有這樣，才能提高運動員接發球的成功率，不至於使運動員最後是用什麼方法都會接，而用什麼方法也接不太好，出現過多的失誤或回球質量不高的情況。

七、接發球記分比賽練習法

通過各種不同形式的記分比賽方法進行接發球練習，使接發球者處在一定刺激下進行練習。實踐證明，採用這種形式訓練，可以提高運動員的興奮性，使訓練更具實戰性，有較好的效果。具體方法有：

1.如果兩名隊員實力相等，為了提高某隊員接發球水準，教練員可規定，不執行 5 個球輪換發球制，一局的發球可由某一方全部執行。而接發球方因在一局比賽中始終處於被動地位，可先以 5 分領先。

2.為提高訓練效果，增加記分比賽的刺激作用，可有適當的懲罰措施。如每一局的負者，在最後體能訓練中要加 10 個仰臥起坐或立臥撐（俯地挺身）等。

3.為改變某隊員在接發球技術運用上的保守意識，通過實戰比賽練習法加以強化，會收到較好效果。比如：兩面拉打法運動員在接發球時，不積極主動搶先上手，一味地以穩搓回接，經常造成被動挨打。教練員在比賽前可有針對性地提出具體要求：不追求比賽的勝、負結果，只要求在接發球中搶先上手，統計接發球搶攻的使用率和命中率。

比賽練習的形式是多種多樣的，為強化打法，提高接發球能力，教練員在記錄比賽中，可要求運動員必須以一兩種接發球方法為主。比如：為培養運動員接發搶

球的能力，在教學比賽中堅持搶先上手、先拉起、先挑起的主動意識，對實在不夠條件搶攻的短球可快擺一板或者是靈活多變地撇、撩一板。

這樣的練習，對運動員儘快形成一種獨特的風格及打法，提高接發球搶攻能力是非常有效地，尤其針對目前國內外乒壇上弧圈球打法較多的情況，如能先主動上手將球搶起先變成上旋，對於制約對方弧圈球技術的發揮是非常有效的。

在訓練中，還可以採用以一人接發球練習為主、多人為輔的方法。為解決其接發球技術環節問題，可用不同發球特點的多名隊員輪換與他比賽。為了接觸更多種的發球和打法，可採用每人記分一局，也可以選擇幾名有特點、有針對性的隊員與之進行比賽。

八、強迫練習法

所謂強迫練習法，就是在接發球方法上要有強制措施。

如強迫運動員在訓練和比賽中，對出臺和半出臺的球，無論是什麼旋轉，都要以搶攻為主，這是一種對打法、意識及能力進行強化培養和提高的訓練方法。在訓練中，接發球隊員如果對夠條件、應該搶先上手的球沒有搶的意識和膽量，而以保守的方法回接，儘管沒有失誤，也要算失分。

如接正手位短球，無論是上旋、側旋、不轉球或一般旋轉的下旋球，都必須用快挑方法回接。如果是該挑的不挑，一味地搓接甚至碰接或托接，儘管是回接到對方球臺上也算失分。

同樣，對回接球的質量也要採用強迫和制約方法。如對擺短球的質量要求是速度快，即擺短球的動作速度快，有隱蔽性。回球儘量做到短、低、快。如果擺出半長不短的半高球，儘管對方沒有打到，也要判接發球者失分。

在進行劈長球強迫練習時，要求接發球者在回接反手位強烈下旋球和正手位強烈下旋短球時，一定要用劈接的方法，將球劈接到對方底線或邊線兩大角，使回球儘量達到低、長、轉的標準。

教練員和運動員在執行接短球劈長球訓練計劃時，首先要解決認識問題。有些運動員有一種習慣的感覺和偏見認識：認為回接長球容易被對方搶拉弧圈球，故不敢使用。結果多數運動員在接發球中形成這樣一種固定的模式：能搶拉的則搶拉，短球就回短，而回接短球的難度確實很大，經常出現近網半高球而被動挨打。因此，要改變運動員接發球的習慣意識，強迫練習是行之有效的。

九、綜合練習法

在接發球練習中，無論採用上述的哪種方法，其目的都在於使運動員在比賽中能根據自身的打法特點及對方的技戰術水準，在接發球環節上合理運用技術，使回接球的質量高，以至最後戰勝對方。

綜合練習法的特點是實戰性強，它是在前幾種訓練方法的基礎上的綜合運用。

接發球的綜合練習方法，可分為以下幾種：

1. 無規律接發球綜合練習

這種練習方法以多球單練的形式效果最佳，也是目前各級運動隊所普遍採用的一種接發球訓練方法。具體方法及要求是：發球者站在球臺一側，用一筐多球，結合自身打法及常用特長發球，按著自己的戰術意圖向對方球臺進行發球，不受任何發球的種類、速度、旋轉和落點的限制，主練者為接發球隊員。

要求接發球隊員根據自身打法及對方發出球的性質和特點，運用其接發球的綜合技術並根據戰術需要，將球回接。回接的方法可多種多樣，關鍵練得是接發球者對來球判斷準確，技術運用合理，手上感覺好，回接有質量。

採用這種練習方法，對發球者的選擇非常重要。因

為發球者握拍不同（有左右手和直橫拍）；使用的膠皮不同（有正膠、反膠、生膠、長膠）；技術特點各異，如有人發球手法相似但旋轉反差大，有人發球速度快、落點刁。因此，接發球者應該根據練習目的有針對性地選擇發球者。由於發球者技術水準直接影響到接發球者的技術提高，故在進行綜合練習時選擇發球隊員的水準要相對高於自身，在對打法的選擇上也要多樣化。

這種練習方法可採用男幫女、大帶小、老帶新的形式，就是以高水準帶低水準。當然這種訓練模式不僅僅侷限在接發球訓練上，在其他技術訓練上也存在著陪練問題。但在接發球訓練上，用高水準帶低水準顯得尤為有效。

2. 發、接、搶前三板綜合練習

發、接、搶前三板是相互聯繫的。發球質量高，接發球難度就大；接發球質量低，被對方搶攻而失分率就高。由於訓練的重點是接發球，為了練好接發球並檢驗其效果，故可將發球接發球和發球搶攻結合起來加以訓練。

要提高接發球者回接球的能力，就要求發球者發球質量高，搶攻能力強，在這種情況下要求接發球者在回接高質量發球中，不僅不能直接失分，而且還不能出現機會球被對方搶攻。

嚴格地講，儘管不是直接吃對方發球，但在接發球

中出現機會球被對方搶攻打死，也屬間接吃球。只有通過第一板的高質量發球，才能給第二板的接發球產生難度，只有通過第三板搶攻所產生的威脅，才能迫使第二板接發球不僅不能吃球失分，而且還要產生一定的難度制約，以控制對方發球後一板有威脅的搶攻。

因此，將發、接、搶前三板結合起來加以訓練，其作用和目的也就在於此。

當然，在具體操作過程中，可根據發球者與接發球者水準差距，在訓練內容、方法、手段及發、接球質量上加以適當調整。基本原則是：從打法和實戰要求出發，要求接發球者在回接球時做到即有質量又有數量。對初學者是在數量達標情況下，提高回接球質量。

就是說，首先做到不直接吃發球，然後是在此基礎上提高回接的質量。

而高水準運動員在回接球時，要求在保證回接質量的前提下，努力降低失球率。

練習時在對手搭配上，以發球者的水準略高於接發球者為宜，這樣會給接發球者造成一種心理壓力，有利於提高訓練效果。如果是發球者與接發球者水準差距不大，使練習者缺少一種必要的壓力，則練習效果就不會太好。

3.實戰比賽訓練

在每局比賽中，每人都大約有 15～20 次的接發球

機會，如果能將接發球這個重要的技術環節處理好，至少可得到「半壁江山」，使自己在比賽中處於主動和有利的地位。

為提高接發球技術水準，前面介紹的幾種訓練方法，其最終目的是要在實戰比賽中發揮接發球技術的作用。

實戰比賽是參賽雙方在生理、心理、技術及戰術上的綜合較量。接發球技術如何，也只有通過實戰比賽才能得到檢驗。

當然，實戰比賽是對綜合技、戰術的檢驗，而所謂接發球實戰比賽訓練法，就是重點圍繞接發球這一技術環節加以分析、觀察、研究、改進和指導。

在此，與接發球技術無關的其他技術，可暫時退居次要位置，以免沖淡對接發球技術的練習效果。

在具體操作方法上，接發球者可與各種類型打法的運動員進行實戰比賽，每局或每場比賽結束後，教練員就針對接發球這一環節加以分析和指導，包括對在判斷上，位置選擇上，回接方法、難度及技術打法上需要改進之處進行講解。對重點隊員可通過隊內實戰比賽，召開接發球技術研討、分析會，這些都是十分必要的。因為發球的種類多，對回接同一種發球的方法也多，而運動員的打法各異，戰術變化更是多種多樣。

對重點隊員，尤其是高水準運動員，必須對接發球技術環節，集中集體的智慧和能力加以分析、研究，然

後再由執行教練員加以具體指導。

在接發球的實戰訓練方法中，要根據隊員的不同情況，運用各異的具體方法。

●有針對性的實戰比賽訓練

在訓練實踐中，有些運動員在練習單一接發球方法時，在意識膽量、手上感覺、回接球的命中率和難度上都是很好的。可是，在實戰比賽中，對接發球技術的綜合運用上，就顯得與訓練水準差距很大，究其原因是多方面的，有心理因素不穩定，有綜合判斷能力不準確，有對接發球技術靈活運用能力不強等等。

這樣就要針對運動員在外實戰比賽中暴露出的主要弱點，在教學訓練實戰比賽中，加以有目的的強化、刺激。比如：有的隊員暴露出回接正手位短球時膽子小，怕輸球，不敢用快挑、撇側等技術，一味地穩搓回接，常常造成被動挨打。那麼，就有針對性地選擇發正手位短球較好的隊員與其比賽，並要求回接球的方法以難度較大的點、快挑和撇側為主。在比賽中，重點統計搓球回接與搶攻回接的比率。

再如：有的隊員對某種發球回接能力差，或對某一個人的發球回接能力差。那麼，在實戰比賽中，就更應有針對性的安排這方面比賽，直到解決為止。

●與高水準隊員實戰比賽訓練

在乒乓球教學和訓練中，男幫女、大帶小、老帶新的形式，被各級運動隊所採用，這也是我國乒乓球專案

一條成功的經驗。

　　一名高水準運動員可能在各個技術環節上都表現出較高的經驗和能力，而發球和發球搶攻是最主要的技術環節和得分手段。因此，經常與高於自身水準的運動員比賽，對提高接發球技術無疑是有益的。

　　為提高這種實戰比賽訓練的效果，可根據雙方技、戰術水平的實際差距，採用讓分比賽的方法，以便對參賽隊員雙方都有所刺激。如雙方水準差距不大，可先讓5分，從5比0打起；如水準差距較大時，可從10比0打起。總之，讓分的目的是使比賽更有競爭性，而讓分的標準和原則是使雙方勝負的比率相等。這樣就可以使實戰比賽達到最佳效果。

　　讓分者要充分利用五個發球權，儘最大努力，提高發球質量，組織發球搶攻，給接發球者增加接發球的難度。接發球者逐漸克服或制約難度的過程，就是提高的過程。

　　總之，要接好發球，就必須十分清楚對方發球的性能，好的接發球首先來源於正確的判斷和日積月累的勤學苦練。

培訓積極主動的接發球搶攻
意識及控制能力

　　乒乓球意識，就是指運動員在乒乓球訓練和比賽中，具有明確目的性和方向性的自覺心理活動。乒乓球意識的最顯著特點是它的能動性。

　　這樣，意識又可以理解為是一個思路或觀點，它只是讓你自覺地想著這個問題。至於怎樣想，用什麼方法去解決，那是技術問題。

　　也就是說：在接發球中，首先想著應建立積極主動的接發球搶攻意識及控制難度意識。無論是上旋還是下旋，無論是正手位還是反手位，都必須堅定地樹立搶攻或搶拉的意識。接不出臺的短球，也要立足於採用挑、點、拉、撇、劈長等具有一定難度的搶攻意識。

　　還要建立盯球意識，這是接發球搶攻能力提高的前提。正確的回接方法來源於正確的判斷，而盯球意識是正確判斷的基礎。不少人對來球判斷不及時，多是因為盯球不夠，尤其是接發球的準備階段，應密切注視對方接觸球瞬間的動作，盯住拍形手腕動作及時做出正確判斷。

　　在接發球技術中，除培養積極主動的接發球搶攻意識外，在不具備接發球搶攻的條件下，加強控制球能

力，提高回接球的難度質量，這也是乒乓球運動員在比賽中欲得分制勝所必備的意識和技術環節。

當然，接發搶能力及控制球難度意識的培養和建立是一個逐漸形成的過程，是隨著各種基本技術的不斷提高，循序漸進，逐步完成的。

掌握乒乓球諸多基本技術是提高接發球質量的基礎。在沒有掌握點、撥、拉、推、擠、搓、削、擺短、撇側等技術的時候，就根本談不上接發球的高質量和高難度。從這個意義上說，一個運動員掌握各種基本技術水準的高低往往決定他接發球能力的強弱。

也就是說，要提高接發球的能力，除了要在理論上搞清楚各種旋轉球的性能，並通過反覆訓練和比賽提高觀察判斷能力，還必須努力提高對各種基本技術水準的掌握能力。只有各種基本技術的不斷提高，接發球搶攻能力才能逐漸提高。

乒乓球運動進入 90 年代以來，在原有接發球技術手段和技術質量有所提高外，又出現不少新的接發球技術。

例如：晃接、撇接或劈長、擰、挑、快點、快拉長球、搶拉和搶沖等，都是現階段乒乓球運動發展的高難度技術，這些技術的出現和運用，使乒乓球的接發球更具主動性和威脅性。從而使得接發球方法靈活、多樣，接發球搶攻範圍擴大和能力增強，回接球難度加大成為接發球技術的發展趨勢。

使用不同性能球拍對接發球技術的影響

在各級乒乓球比賽中，由於運動員使用的球拍性能各異，儘管動作相近、手法相似，但發球、接發球的速度，旋轉質量的反差卻很大。尤其使用兩面不同性能的球拍，在發接球中倒拍使用，變化就更大。

目前運動員使用的球拍大體分為反膠、正膠、長膠和生膠四種。有些運動員使用的是兩面不同性能球拍。

如鄧亞萍是正手用反膠、反手用半長膠；王濤、陳靜、王晨的正手是反膠，反手是生膠；而劉國梁的正手是正膠、反手橫打或橫拉用的是反膠；丁松的兩面發接球和削球也是一面正膠，一面反膠。在對不同性能球拍使用上，可謂是百花齊放，百家爭鳴。這種在乒乓球拍使用上的不斷創新成為我國乒乓球運動水準不斷發展與提高的重要因素之一。

下面介紹幾種不同性能球拍發球、接發球的特點。

一、反膠海綿拍

當今國內外使用反膠海綿拍的運動員最多，反膠海綿拍的特點是膠皮黏性大，有利於發球、接發球、搓球

或拉弧圈時製造旋轉。由於膠皮表面平整，在來回擊球時，海綿和膠皮在受力時形體變化不大，因此，手上感覺穩健，容易掌握。

使用反膠海綿拍發球時，可以發出強烈旋轉的下旋或上旋球，也可以用極相似的手法發出旋轉反差較大的轉或不轉球。如瓦爾德內爾、馬琳、閻森等優秀選手，利用反膠海綿球拍發出旋轉質量很高的球，並為搶攻創造機會，這一絕招是他們的主要得分手段。

運用發球技術時，用反膠海綿拍還比較容易控制正手位短球的反位長球的落點，有長、短球及線路變化，再加之反差較大的旋轉變化，就會產生較大的威力。

利用反膠海綿球拍的黏性，在接發球時可搓出加轉球或拉出加轉弧圈球。白俄羅斯選手薩姆索諾夫在接發球時，利用反膠海綿球拍的特點，加力搓球回接出強烈的下旋球來制約對方，威脅很大。

對使用反膠海綿拍的運動員，在發球和接發球技術運用的要求上也要有所不同。發球時，以追求旋轉質量為主，然後再配合落點、速度及節奏變化，充分利用反膠海綿拍的黏性加大摩擦力，發球以旋轉為主。而接發球則以控制旋轉或搶拉為主，用反膠海綿拍接發球可以加力搓球，使球產生強烈下旋，並能通過加力製造旋轉，克服對方的旋轉，也可在臺內挑拉小上旋球或接出臺長球時加轉拉弧圈球。這些技術的運用，都是在充分利用反膠海綿球拍的特點。

這裡應指出一點，反膠海綿拍的特點與海綿的厚度和硬度有關。薄而軟的海綿，其特點是彈性小，易「吃球」，有利於加力削球和搓球，使球產生更強烈地下旋，多半用在反手削球，再配合反手一板加力攻球，由於海綿薄而軟，完全靠底板和運動員主動發力，使擊過的球產生強烈下沈。

　　如果正手位以拉弧圈球進攻為主，則應使用厚度為2.1公釐左右、硬度為45度左右的海綿，這樣反膠海綿拍才會拉出速度快、旋轉強烈的弧圈球。

　　目前，使用反膠海綿拍的外國運動員基本上都是橫握球拍，正、反手兩面都使用同一種性能的反膠海綿。而中國運動員有相當一部分選手使用兩面不同性能球拍，如反膠海綿球拍與生膠薄海綿配合使用，反膠海綿球拍與半長膠薄海綿配合使用。

　　反膠海綿球拍也可與正膠海綿球拍相配合，這樣可以加大威力。

二、正膠海綿拍

　　我國運動員在50年代首先使用正膠海綿球拍，並創新直拍正膠近臺快攻打法，這也是我國的傳統打法。幾十年來，在國際乒壇上唯有中國運動員使用正膠海綿球拍。

　　隨著乒乓球技術的發展，發球、接發球、搓球、拉

球的旋轉質量越來越高，由於正膠皮的表面黏性不如反膠皮，因此，在製造旋轉上不如反膠皮。但正膠皮顆粒短粗，顆粒表面有膠紋，也可以發、搓、拉出一定旋轉的球。正膠海綿拍的主要特點是：由於膠皮表面黏性小，球在球拍表面停留時間短，反彈速度快，拉球速度快，弧線偏低，搓球擺短的出球速度也比較快，有利於控制快、低、短球。

在發球中，正膠皮的黏性不如反膠皮大。但如果發球時，運動員能調整好球拍摩擦球的角度，發力集中，也可以發出旋轉較弱的球。

根據正膠海綿拍的性能，應以發速度、落點結合旋轉球為主。在嚴格要求速度、落點的前提下，配合快速、靈活的手腕動作和拍形變化而產生的旋轉差異，也是正膠海綿拍的特點。

有些選手使用正膠海綿拍在接發球時，採用搶拉小上旋弧圈球過渡，為正手連續扣殺創造機會，也是很有效的一著。

在接發球中，除用正膠搶拉快點或低球突擊外，處理臺內短球用快擺，回球低、短、快，可以有效控制對手搶拉弧圈球。

總之，使用正膠海綿球拍，在發球和接發球技術環節上，充分利用和發揮正膠海綿拍的特點，以追求速度、落點為主，配合旋轉變化。同時配合靈活相似地手

腕、拍形變化為掩護，也會產生很大威脅。

三、長膠或半長膠海綿拍

乒乓球競賽規則限定：海綿、膠皮連同黏合劑的高度不能超過 4 公分。如果使用長膠皮，只能用薄海綿或不用海綿；如果使用半長膠皮，可以配用稍厚一點的海綿。

由於兩種膠皮顆粒長度不同，因而在性能上也有所差異。使用長膠球拍，不容易運用攻球和撥球技術，而多以削、擠、搓、拱技術為主。

使用半長膠海綿拍，海綿的厚度偏薄，球拍彈性偏小，擊球時，需要主動用力。

長膠和半長膠的特點是：膠粒細、長、軟。膠粒在受球的作用力時容易斜倒，而當膠粒還原時，又會產生一個反撥力，使球產生旋轉。因此，使用長膠球拍打球會讓人產生不同於其他球拍的感覺。

如使用長膠和半長膠薄海綿球拍發球時，無論用力大小或如何想方設法去摩擦球，都不會使球產生強烈的旋轉。主要原因就在於膠粒受力後斜倒，膠粒表面不能對球產生摩擦力。

因此，用半長膠球拍發下旋球時，發過去的球卻不轉。

在接發球時，加力搓接下旋球，反而使回接球產生

上旋。如果是削球打法，削接強烈上旋弧圈球時，回球是反旋轉的強烈下旋。擠推、拱或攻一板，都會使回球下沈。

瞭解和掌握長膠和半長膠薄海綿球拍的特點，再根據其特點靈活運用發球或接發球技術，往往會給對手構成較大威脅。

使用半長膠或長膠薄海綿球拍，回接不同性能來球的旋轉變化，還取決於技術動作。

例如：回接一般旋轉的側下旋球，搓一板回球是上旋，而拱一板回球是下旋，如果發力攻一板則回球產生的下旋就更強。所以，我們經常看到有經驗的運動員在對長膠打法運動員比賽時，發一板下旋球，長膠回搓後就大膽地按上旋球攻、推、撥回擊。

四、生膠薄海綿球拍

生膠皮的顆粒比正膠皮顆粒還要短、粗、硬，加之與薄海綿搭配使用，使其具有膠皮表面黏性較低、不容易主動製造旋轉的特點。因此，主動發旋轉球、搓加轉球、拉加轉弧圈球的難度都很大。

發球時，有利於發急快底線長球或短球。此種發球旋轉不強，只有速度、落點的難度。使用生膠薄海綿拍的運動員多半用在橫拍的反面，與反膠海綿配合使用，用相似手法迷惑對方。如用生膠發一個落點較嚴格的短

球或底線快球，再用正手面發旋轉球搶攻。接發球也要以正手反膠搶攻為主，反手的生膠薄海綿只是搓逼、撥打，反手撥、攻一板突然性大，回擊球反彈弧線偏低，球下沈，很容易直接得分。

使用生膠薄海綿球拍，反手加力搓、削也可以使球產生強烈的下旋。這種加力不是依靠球拍彈性，基本上依靠運動員自身發力。因此，用生膠面在接發球時，加力逼搓不僅角度大、速度快、落點刁，而且可以產生下旋。如果是不加力的平搓，回接球是不轉的。

用生膠薄海綿球拍發球時，根據生膠的特點多以速度和落點為主，可發出直、斜兩條底線的急長球，並帶有急下旋；再配合近網短球，出現機會用生膠或反膠兩面搶攻。從而形成一套完整地「發、接、搶」戰術。

以上是對反膠、正膠、生膠和長膠四種主要球拍的不同性能特點的簡要介紹。

在運用發、接球技術時，一定要根據各自不同性能球拍的特點加以要求和訓練。

接發球主要術語解釋

搓

搓球是回接下旋和側下旋球的主要技術之一，尤其是初學者，在回接反手位旋轉時，基本上用搓球。

準備搓接時，拍面略後仰。接觸球時，拍面與臺面大約形成 45°角，向前下方摩擦用力。根據來球的旋轉強弱和回搓球的落點，適當調整拍形和用力方向。

如：回搓旋轉較強的下旋球，拍形略平，接觸球底摩擦用力。回搓旋轉較強的下旋球，拍形略垂直，接觸球中、下部摩擦用力。

推、撥

推、撥是反手位回接上旋和側上旋及不轉球的主要技術。

準備接球時，拍面略垂直。接觸球時，將球推、撥起後向前下方用力。要根據來球的旋轉強弱和推、撥落點，適當調整拍形和用力方向。

擺短

擺短是回接正、反手位下旋或側下旋短球的主要技術，它是對穩搓技術的昇華。回接近網短球時，在不具備接發球搶攻的條件下，為了制約對方發球搶攻，要運用快擺短球技術。

為了使快擺短球技術更具隱藏性，準備擺短姿勢與挑點動作相同。接觸球時，突然調整拍形，快速向前下方磨擦用力。

挑

挑接技術是回接反、正手位短球並爭取主動、搶先上手的方法。

在回接近網旋轉短球時，欲搶拉，落點靠近球網又不夠條件，而用搓、擺回接又顯得保守、被動。這時用快速挑接方法回接，可以制約對方發球搶攻，變被動為主動。由於出手速度快，落點變化大，突然性強，往往可以直接得分。

接觸球時，為了克服來球旋轉，球拍觸球中、下部，以前臂和手腕向前上方摩擦用力為主。根據來球的旋轉和回接球的落點，手腕快速摩擦用力，調整拍面角度。

在雙打比賽中，發球多以短球為主，回接短球時，為了爭取積極主動，挑接使用率偏高。採用挑球技術回

接往往可以更好地爭取積極主動。

點

點球技術是攻球的一種，多在接發球中對臺內球或半出臺球使用，具有突然、快速的特點。點球動作幅度偏小，多以前臂和手腕快速爆發力為主。

在接發球時，對旋轉不是太強、落點不是太刁的來球，皆可使用點球技術。根據來球的旋轉和落點，合理調整拍形和發力方向。

撇側

撇側技術是將滑板技術與搓球技術靈活、巧妙結合而成。在接發球時，可造成對方判斷失誤而產生出其不意的效果。

在球拍接觸球時，手腕控制球拍，突然調整拍面改變回接路線。球拍接觸球中、下部，向左側方或右側方滑撇用力。

此技術動作多用於回接正手位或反手位臺內球。

擰搓

擰搓技術是對搓球技術的一種，也是對搓球技術的昇華。準備擰搓時，身體站位和拍面角度都與正常搓球相同。根據來球判斷，認為具備運用擰搓技術條件後，便在球拍接觸球後向前下方摩擦用力同時，手腕控制拍

形，增加向左、右的扭力，從而使回接的球突然改變方向，並產生側拐。

此技術多用於回接正手位或反手位臺內球。

晃接

晃接是利用身體虛晃，給對方造成判斷失誤，以達到提高回接質量的技術動作。

準備晃接時，身體站位、拍形角度、神態表情都與正常接發球動作相同。只是在球拍接觸球一瞬間，身體迅速做逼真的虛晃假動作，以達到調動對方身體重心移動的目的。然後，再向對方身體移動的反方向回接。晃接技術對運動員自身能力要求較高。

只有在熟練、準確掌握各種回接技術的基礎上，才能逼真地加上虛晃動作。

此種技術動作範圍比較廣，高水準運動員在回接正、反手位的長、短球時，都可以運用晃接技術。

拉高吊加轉弧圈球

拉高吊加轉弧圈球是對回接強烈下旋和側下旋球最有效的技術動作。

在接發球時，為了克制對方的強烈下旋，球拍接觸球的中、下部，向前上方摩擦用力，將球拉出較高弧線的強烈上旋。

此種接發球技術動作在實戰比賽中使用率較高。對

回接正、反位的下旋半出臺或出臺長球，都可運用拉高吊加轉弧圈球技術。

拉前沖弧圈球

拉前沖弧圈球是回接側旋或側上旋球有效的技術動作。

接發球時，為了克制對方發球的旋轉，球拍要接觸球的中部或中上部，向前下方摩擦用力，拉、沖速度快，弧線偏低。根據來球的旋轉和落點，適當調整拍形和發力方向。

此種接發球技術應用範圍廣，威脅較大。

擠

擠是回接側旋或側上旋的技術動作，它是推、搓技術的結合。

當判斷對方發球是反手位側旋或側上旋時，拍面略後仰接觸球，拍面與臺面大約形成 45°角，向前下方切擠用力。根據來球的旋轉回擠的落點，適當調整拍形和用力方向。

此種接發球技術多用於反手位。用擠的方法回接，使球飛行弧線偏低，並產生下沈。

劈

接短球時，發力搓對方底線長球，具有擊球點高、

力量大、球運行速度快的特點，常給對手非常「頂」的感覺，使其難以拉開手發力進攻。手上的動作是，在來球的高點期接觸球的中部並向中下部摩擦。在摩擦中最好給球適當的撞擊力，以使球產生足夠的手動速度。在擊球過程中，板面稍豎起。以前臂為主，直接向下方發力。體會手握菜刀向左右兩側砍東西的用力感覺。

改用大球後對發球、接發球技術的影響

根據國際乒聯科研會多次測試，得出的資料是：直徑為 40 公釐（mm）的球比直徑為 38 公釐（mm）的球其旋轉轉減弱 23%，速度下降 13%，彈力減少 4.7%。具體比較如下表：

大小球的性能比較

	直徑（公釐）	重量（克）	體積（立方公分）	球速	旋轉	彈力
大　　球	40	2.7	3.3010	慢	弱	小
小　　球	38	2	3.0110	快	強	大
大小比較差	2	0.7	0.2910	下降 13%	減少 23%	減少 4.7%

從上表可以看出，球體增大後，球速變慢，旋轉減弱，反彈力減少。從而也相應導致發球、接發球的威脅

減弱，殺傷力下降。

從球體增大後，球速、旋轉和彈力的變化中，我們可以看到，使用大球對前三板技術提出了新的要求。首先要接發球搶拉半出臺球越來越重要，直接搶拉得分的機會要大大高於小球；其次是臺內球的挑打技術比小球時顯得更為重要；再就是對發球的要求高了，由於發球的旋轉不如小球，一出臺更容易被對方搶拉得分，因此，發球的落點就顯得尤為重要。

● 接發球搶拉弧圈球的變化

由於大球的速度和旋轉都不如小球，對方在回接下旋球時，有足夠的時間將球拉起來，因此，對擅長側身搶拉的運動員來說，搶沖兩條線的下旋球難度相對降低，但也不是盲目搶拉，而應認真分析、判斷。在使用小球時，搶拉下旋球應連摩擦帶撞擊；而改用大球以後，摩擦應更多一些，向前的力量也應更大一些，這樣，命中率相對會更高。

● 手上的調節能力

球加大以後，球的旋轉、速度和彈性都相應降低，球在運行中空氣阻力加大，使球的運行速度與小球相比變得不是很有規則。所以手上的調節能力是十分重要的。

● 對速度、旋轉和落點的要求

鑒於乒乓球體增大後的變化，發球的速度減慢、旋轉質量下降，接發球難度減小。因此，在對發球時的速

度、旋轉和落點要求主、次上也要有所變化。

如：過去一直強調發球以速度、旋轉為主，配合落點變化，而現在球體增大後，發球的速度及旋轉有所下降。因此，也可以考慮以發落點為主，配合速度和旋轉變化。

在運用接發球技術時，也要有所變化，接發球手段要更加積極主動，搶先上手，扼制對方發球搶攻。

對發球技術的幾點思考

發球的種類很多，但近年來由於對發球技術的創新重視不夠，運動員掌握的發球越來越單調，基本上以左側上、下旋、轉不轉不主。而且發球的旋轉、落點變化也不夠，很容易被對方適應。

一、抓好發球技術訓練的重要性

從訓練的角度看，培養運動員對發球技術的鑽研精神和積極主動意識十分重要。如果從初級階段，只重視其他基本技術訓練而忽視對發球技術的鑽研提高，待進入專業隊以後再想在發球技術上有較大提高，就不太容易了。

即便在進入專業化訓練後。在訓練中對發球技術的訓練時間安排也必須有相應的比例。

往往有這種情況：發球好的運動員會不斷地去鑽研新的發球技術，而發球不好的運動員總認為自己對發球沒感覺，怎麼練也效果不太大。其原因就在於多年形成的習慣和意識在起作用。

因此，要想練好發球，必須從小訓練，這一點應引起各級教練員的高度重視。

二、重視旋轉和落點結合

在發球訓練時，首先要明確一點，那就是要想使自己的發球收到好的效果，就必須使對方在接發球時找不到第一時間（即最佳擊球時間），而只能在第二時間擊球，從而使對方的回球速度減慢，旋轉減弱，為自己搶攻贏得時間。

這就要求在練發球時，特別要注意落點的變化。只有將落點和旋轉有機地結合起來，才能發出最有威脅的球。

三、規則改變對發球的影響

為了進一步提高乒乓球比賽的觀賞性，吸引更多的觀眾，國際乒聯在第 46 屆世乒賽後對現行的競賽規則

進行修改。具體內容有：

改變現行的局分制，由 21 分一局成為 11 分；由 3 局 2 勝制或 5 局 3 制改為 7 局 4 勝制或 9 局 5 勝制。

試改 5 分發球制為 2 分發球制。

執行無遮擋發球的規定，即在發球時，球拍與球接觸瞬間，不得用身體和上肢各部位進行遮擋。必須讓球拍和球全部暴露出來，使對方、主裁判和副裁判都看得十分清楚。

上述新規則的實行，會對發球技術提出一些新的要求。

首先，由於每局比分變少，因此，不允許出現開局後的大比分落後情況，要儘快進入狀態；由於每次只有兩個發球權，故難以使用試探性發球和牽制性發球。上述變化要求運動員更加珍惜發球的機會，同時要進一步發球的質量，以取得發球後的主動權。

其次，由於發球的隱蔽性減小，對手在接發球時便於觀察，這就提高了接發球判斷的準確性，也就相應加大了接發球的成功率。在這種情況下，要求發球者必須加大摩擦用力，提高旋轉程度，強調速度和落點變化，特別是要發好轉與不轉球，增加對手的判斷難度，以達到提高發球質量的目的。

 發球與接發球

對接發球技術的幾點思考

在當今的乒乓球比賽中，雙方為了限制對手的搶攻並爭取主動，發球多以採用各種不旋轉和落點的臺內短球為主。因此，提高回接臺內球能力，特別是要很好掌握擺短、挑和劈長技術就顯得尤為重要。

一、提高擺短、挑和劈長能力

在實戰比賽中，回接臺內短球比率偏高。因此，提高臺內短球回接能力就尤為重要。

接發球的擺短，最重要的環節是搶到第一時間擊球，在球剛剛起跳就要擊球。擊球時身體重心前迎，用腰控制前臂、手腕在接觸球的瞬間突然向下發力，和球向上跳的力形成合力。這樣，就使擺過去的球很轉，使對方不敢輕易挑，只要對方回擺，就有機會搶沖。

擺短技術要與挑和劈長技術配合使用，才會更有威脅。對旋轉性能判斷不清的短球，可大膽使用劈長技術。對旋轉性能一般的短球，可用快挑不同落點技術。

總之，要提高回接臺內短球質量，創新有難度的技術動作。

二、敢於搶沖半出臺球

回接半臺球，要有膽量、有能力搶先上手。這就要求運動員具有很高的對半出臺球的判斷力，在此基礎上才能談得上搶沖。因此，在接發球技術中敢於搶沖半出臺球是關鍵，是訓練的重點。比賽中處理擺短和搶拉半出臺球時，在意識上要明確先是準備擺短，判斷球出臺時再收回手搶拉。如果先準備搶拉出臺球，等判斷球沒有出臺再去擺短，就沒有第一時間了，擺短時就不容易控制球的弧線和落點，反而容易被對方搶攻。

三、加強接發球的落點意識

接發球的落點意識要加強，從目前的技術發展來看，更強調擺兩個小三角短球的落點意識。

四、敢於突破正手位

隨著乒乓球技術的發展，接發球時要敢於突破對方的正手位。只有在回接球的落點上，有反正手位、長短球及多種接發球手段的相應配合，才能提高回接球的質量。不要怕對方搶攻，從整體戰術需要的角度考察，正手位的突破正是為了鎖住對方側身位的搶攻。

當然，劈、擺、挑、切正手位球，要有反拉和打相持球的準備。因此，建立回接突破正手位意識的同時，相應技術也要跟上。

五、步法移動要具備提前和找點意識

有經驗的教練員常說一句話：「上肢好訓，下肢難練」。反映在接發球技術中更是如此。運用、掌握任何一項技術，都要首先培養意識。培養步法意識應從提前意識和找點意識入手。

提前意識：

提前意識是指對來球位置作出提前的預測，從而作出相應的步法提前預動進入擊球位置。培養提前意識的方法是，要不斷地給運動員灌輸判斷來球的意識，讓運

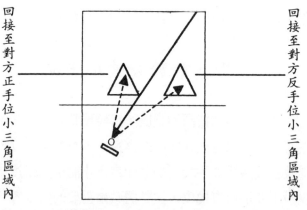

圖 40　接發球回接至對方正、反位小三角區域

動員保證注意力集中。再一點是幾種主要接發球步法的動作訓練，如搶側身、補正手、接短球等。

找點意識：

找點意識與提前意識有相似之處，主要區別在於前者是找擊球點，後者是找擊球的位置。對找點意識的培養應從基本理論入手。每個來球的旋轉不同，弧線有高有低，落點有長有短，擊球時有上升期、高點期、下降前期、下降後期，所以必須根據來球找出合理的擊球點才能保證命中率。培養找點意識的方法是首先要讓運動員清楚地認識並瞭解球的旋轉、弧線、擊球時間的基本理論知識，不同的來球應該在什麼樣的擊球點去處理才能保證命中率。在具備這些基本理論的前提下，你才能知道步法如何運用，不至於盲目亂跑。

發球與接發球技術的
發展與創新

從乒乓球運動發展的歷史來看，乒乓球運動的發展趨勢就在於「改革工具、創新技術」。當然，這裡所說的創新技術也包含了發、接球技術。

我們說，發明新的發、接球技術是創新，但如果能在原有的技術水準基礎上，使其產生一個由量變到質變的飛躍，也應該算是創新。

例如：

將發下旋與發側旋球的技術動作組合在一起，創新發出側下旋球，這叫組合法。

在接發球中，將搓球技術動作與推、撥技術動作融合成「拱」，這叫複合法。

曹燕華將正手高拋發球移植反手，從而創新出反手高拋發球，以此發球開路，一舉成名，成為世界女子單打冠軍，這叫移植法。

高拋發球是在低拋發球基礎上的發展，反手挑接技術是在正手挑接技術和反手撥球基礎上的發展，這叫遞進法。

任何事物都是在不斷克服各種制約和限制的條件下向前發展的。就乒乓球運動來講，規則的限制促進了技術的創新，或者說規則的變化與完善促進了技術的發展。第28屆世乒賽後，國際乒聯公佈了禁止合力發球的規定，這就促使各國運動員去研究和實踐，從而創新出更多、更新的發球、接發球技術。現在國際乒聯又提出無遮擋發球及新的局分規定，這即是限制，也是創新的開始。

創新是乒乓球運動發展的動力，也是保持乒乓球運動獨特魅力的重要因素。願乒乓球界的同仁們勤於思考、苦心鑽研、勇於創新，為乒乓球運動的發展而共同努力。

國際乒壇名將發、接球技術動作賞析

　　青少年運動員具有極強的模仿能力，看圖片後，進行模仿練習，會收到較好的效果。在訓練中，教練員的反覆講述有時效果並不是很好，而直觀地看一下錄影或圖片，卻會在頭腦中迅速建立起一個動作表象。

　　下面介紹幾位乒壇名將的發、接球技術動作。

一、瓦爾德內爾的發、接球技術動作

　　瓦爾德內爾：瑞典運動員。右手橫握球拍，兩面弧圈結合快攻打法。從 80 年代至今，多次獲得世界冠軍，被譽為國際乒壇常青樹。他在比賽中頭腦清醒，技、戰術水準發揮穩定，發球和發球搶攻戰術頗具威脅。接發球判斷準確，方法靈活、多樣，是一位難得的乒乓球運動員。

　　瓦爾德內爾具有超群的發球能力，他的發球搶攻得分率達到了 70%，這也是多年來他與中國運動員交鋒保持較高勝率，被中國運動員稱為「乒壇常青樹」非常重要的原因之一。

　　下圖是瓦爾德內爾發側下旋球時的動作。發球時肘

沒有張開，用肩、手臂和手腕的力量切下來，高水準的
運動員用手腕來製造旋轉。

今天，當中國乒乓球專家在分析 80 年代初中國隊
陷入低潮的原因時，其中的一條就是當時以瑞典人為代
表的歐洲運動員改善了臺內接發球技術。他們豐富了橫
板選手接發球的手段，在搓接的基礎上，發明創造了正
反手的「晃搓」「晃挑」和「晃撇」技術，一度使中國
隊傳統特長失去往日的威力。

在中國隊以 0：5 輸給瑞典隊的第 40 屆世乒賽的團
體決賽中，中國隊的發球搶攻平均得分率為 58.8%，
而瑞典隊為 65%，一度使中國隊的前三板優勢轉向了
瑞典隊，足見歐洲人接發球技術的提高程度。在這當
中，瓦爾德內爾則是運用上述技術的代表人物。他率先
運用了側身正手晃接斜線技術，配合以挑、搓直線等近

「晃接」是瓦爾德內爾的特長

十種接發球手段，死死盯住亞洲人反手差的技術漏洞，使對方難以輕易側身進攻，掌握了絕大多數接發球的主動權，突破了亞洲人以短球見長的防線，成為當時領導世界乒壇技、戰術發展方向的風流人物。

如164頁圖所示，瓦爾德內爾準備接正手近網中路球。他的站位使他接發球有很大的選擇性。通常他習慣用正手接發球，所以，他站位偏反手位，處於一種比較開放型的擊球位置。接發球時，身體稍稍側向正手，動用肘關節、前臂和手腕的力量「切」球。

肘關節貼近身體，前臂位置放低，站位靠近臺面，接球時手腕放鬆。瓦爾德內爾手上「感覺」很好，控制旋轉的能力比較強，他將球「切」到對方的正手，準備對方打斜線到他正手後打相持球。

發球與接發球

163

①　　　　　　　②

③　　　　④　　　　⑤

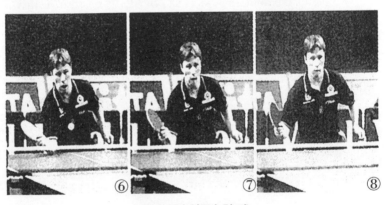

⑥　　　　⑦　　　　⑧

164　　　　　　接正手近網中路球

接發球時的反手搶拉弧圈球技術動作

二、馬琳的發、接球技術動作

馬琳：中國運動員。右手直握球拍，弧圈球結合快攻打法，曾獲 2000 年世界盃賽男子單打冠軍，是第 46

屆男團冠軍主力隊員之一。

其特點是多以旋轉、落點反差較大的正手發球為主，配合發球後一板有質量的搶攻，頗具威脅。

如下圖所示：馬琳正手發下旋球能充分發揮下肢、轉腰、前臂和手腕的協調、爆發用力。拍面角度略後

馬琳的正手下旋發球

仰，接觸球中、下部，加力摩擦。

　　如下圖所示：運用臂長技術時，在來球的高點期，接觸球的中部，向中下部摩擦。在摩擦中最好給球適當的撞擊力，以使球產生足夠的手動速度。在擊球過程中，板面稍豎起，以前劈為主，直接向前下方發力，有

接發球擺短

發球與接發球

167

接發球直拍反手橫拉　　　　發下旋球時，擊球點在
　　　　　　　　　　　　　　　球拍的拍頭部位

手握菜刀向左右兩側砍東西時的用力感覺。

三、施拉格的發球技術動作

　　施拉格：奧大利運動員。右手橫握球拍，兩面弧圈
結合快攻打法，屬國際乒壇一流選手。其發球方法獨
特，接發球時，以反手搶拉弧圈球為特長。

　　這一組圖片是施拉格正手發上旋的動作解析。拋球
前的基本姿勢是站在側身位，左腳在前右腳在後，球拋
起後身體重心隨之增高、開始引拍。發球時左腳抬起，
身體重心放在右腳，持拍手的肘關節上提，手腕在出球
時往上鉤，發完球後，順勢做向下發力的動作，容易使
對方誤認為是發側下旋球。

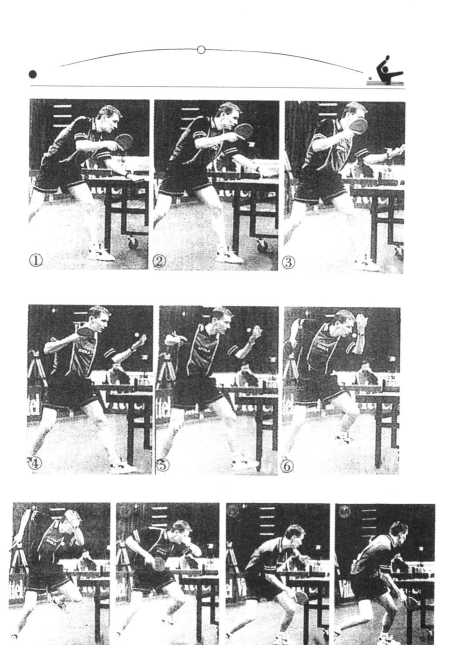

發強烈下旋球時摩擦球的底部

四、羅斯科夫的接發球技術動作

羅斯科夫：德國運動員。左手橫握球拍，兩面拉弧圈球結合快攻打法。是國際乒壇一流選手。其特點是打法兇狠，搶拉弧圈球旋轉質量高。尤其是反手搶拉弧圈球為本人特長技術。

羅斯科夫擅長側身位用正手（右手）搓左側旋的方法接左方臺內短球，至對方反手底線長球的技術。

由於在運用這項技術時，運動員常伴有身體由右向左的轉晃動作，以迷惑對方對來球線路的正確判斷，故在實戰中，人們為了區別正常的搓接技術，而形象地把它稱之為「晃搓」。此項技術常被運動員用在接發球

中，特別是接短球時。它具有隱蔽性強、擊球線路外
撇、產生大角度球、不易使對方上手發力搶攻的特點。
動作方法是，在上升期，擊觸球的右後中部，向左側下
部摩擦，使運行中的球帶有左側下旋。在整個擊球過程
中板面基本呈橫狀，稍豎起，手腕保持適當的外展狀
態，由右上向左前下方發力。

　　下圖所示為羅斯科夫的晃接技術動作。

五、岡崎惠子的發球技術動作

　　岡崎惠子：日本運動員。右手橫握球拍，發球技術
獨特。

　　圖1：發球前執拍手全部向上伸直，球拍幾乎上下

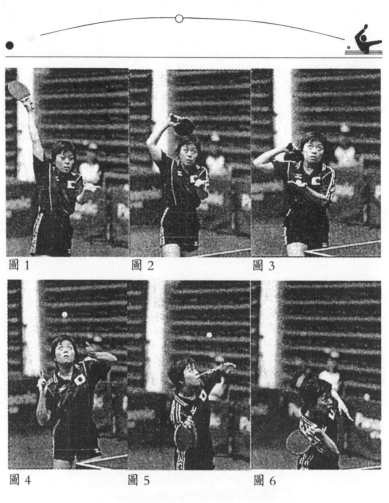

圖1　　　　　圖2　　　　　圖3

圖4　　　　　圖5　　　　　圖6

岡崎惠子高拋發球動作解析

垂直，不執拍手拋球的位置比一般發球要高，身體重心
也隨之提高。

　　圖2：將球拋起後，身體重心隨之提高，前臂上下
垂直，手腕向後用力引拍。

　　圖3：準備拋球的瞬間，身體重心稍稍放低，前臂

和手腕向後下沈，拍頭朝下。

　　圖4：肘關節向外彎曲，腕關節向內做發球前的引拍動作。右腳在前，左腳在後。

　　圖5：在準備觸球的瞬間，身體重心稍稍偏右，左肩和不執拍手提高，右肩下沈，為發出強旋轉的球積蓄力量。

　　圖6：在球下降期間，手腕突然翻回來，掌心向內，準備用球拍的反面擊球。

薩姆索諾夫的接發球技術動作

　　薩姆縈諾夫：白俄羅斯運動員。右手橫握球拍，兩面弧圈結合快攻打法。是國際乒壇頂尖高手。其特點是搶拉弧圈球技術及中遠臺相持能力強。在回接臺內短球時，劈長加轉至對方底線長球，破壞對方有威脅的發球搶攻，並主動形成反拉或相持球，這是他的絕招特長。

　　圖1：王勵勤站側身位用正手發球。請注意薩姆索諾夫接發球的準備姿勢：站位左半臺，身體重心保持平衡，兩腿的受力分佈均勻。

　　圖2：王勵勤將球發到薩姆索諾夫的反手，而薩姆索諾夫的準備姿勢適合接各種落點的球。

　　圖3：薩姆索諾夫反應很快，當判斷是下旋球時，他身體稍稍向前，用反手彈撥。

　　圖4：王勵勤發完球後迅速還原，準備對方的下一

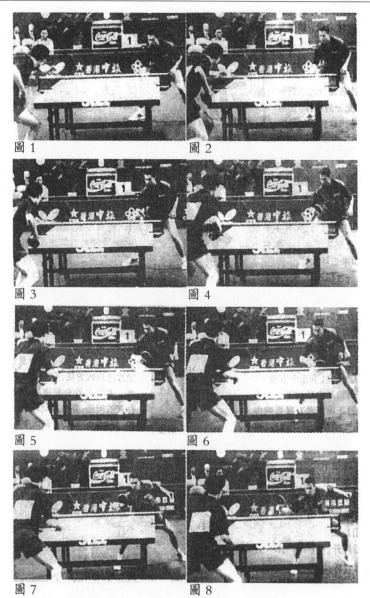

圖1　　　　　　　　　圖2

圖3　　　　　　　　　圖4

圖5　　　　　　　　　圖6

圖7　　　　　　　　　圖8

薩姆索諾夫反手接發球搶攻動作解析

板來球。

圖5：薩姆索諾夫身體重心向前。他肘關節的位置放得很低，以便能夠主動地運用反手撥球。

圖6：薩姆索諾夫的手腕動作也運用的很好，在觸球前的一瞬間手腕下垂，以便能積蓄最大的力量發力。

圖7：薩姆索諾夫在步法向前移的同時，身體重心幾乎也撲在了臺內，這樣就能在球剛剛跳起的瞬間，以最快的速度擊球。

圖8：薩姆索諾夫的肘關節和腕關節用得非常得體，肘關節幾乎與臺面平行，腕關節向上，使拍頭朝上。膝關節彎曲，身體重心很低，撲進臺面。

七、澀谷浩的正手發球技術動作

澀谷浩：日本運動員。右手橫握球拍，削中反攻打法，是國際乒壇一流選手。

發轉球時，球拍用力向下砍。發不轉球，球拍的用力方向不是向下而是向前推，但仍然要作出向下發力的假動作。當然這個動作只是一種假象，目的是為了迷惑對方，讓對方誤認為是下旋球。

發轉與不轉球最關鍵的是手腕運用不同。發不轉球時手腕不發力，球拍與球接觸的瞬間球速較慢，而發轉的球就要充分運用手腕的力量，出球速度很快，才能發出強烈的下旋球。同時，在發下旋球時，球儘量打在球

①　②

③　④　⑤

拍的上部。

　　還有一點也很重要，發轉與不轉球的動作給對方的感覺一定要一樣。在發轉與不轉球時，儘量將發球動作靠近身體，給對方造成一種錯覺，認為你發完球一定是想打發球搶攻，即使準備發下旋球也給對方造成這樣的錯覺。這是一種戰術的運用，讓對方猜不透你的意圖，給自己創造機會。

　　上圖中發球時幾乎沒有用手腕的力，因此，肯定是個不轉球。

八、劉國梁的發、接球技術動作

劉國梁：中國運動員。右手直握球拍，正膠快攻打法。多次獲得世界冠軍，「大滿貫」得主。其特點是發球速度快、落點刁、旋轉反差大，發球搶攻頗具威脅。比賽中頭腦清醒，技、戰術水準發揮穩定。在接發球中，除積極主動、搶攻意識和能力較強外，快擺短球是

劉國梁接發球準備姿勢

特長技術之一。

如上圖所示，劉國梁利用大動作拉手的慣性力量，發出既有旋轉又有速度的高質量發球。

九、孔令輝的發、接技術動作

孔令輝：中國運動員。右手橫握球拍，弧圈結合快攻打法。國際乒壇頂尖高手，「大滿貫」得主。

其特點是在大型國際比賽中，技、戰術水準發揮穩

圖A

定，具備較強的攻防實力。比賽中，對接發球判斷準
確，方法、手段靈活多樣，實效性強。

　　圖 A 所示為孔令輝的反手發不轉球動作，從圖中可
以看出，發球時拍頭先立起來，接近垂直，觸球的左側
將球推出，發出不轉球。

　　圖 B 所示為孔令輝的反手發下旋球動作。摩擦球的
左下部（或中下部），發出的球為左側下旋球。

　　圖 C 所示為孔令輝正手接發球時「撇」的動作。

圖 B

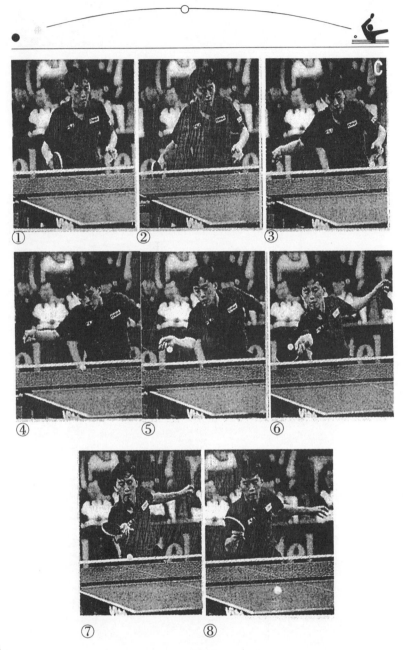

①　　　　　②　　　　　③

④　　　　　⑤　　　　　⑥

⑦　　　　　⑧

圖C

十、王勵勤的發球技術動作

王勵勤：中國運動員。右手橫握球拍，兩面弧圈結合快攻打法，第46屆世乒賽男子單打冠軍。其特點是正手高拋發球質量高，發球搶攻有威脅。中、遠臺相持能力強。

如圖所示：王勵勤正手高拋發球時，為充分發揮手腕的靈活用力，改變握拍方法，將三指鬆開。

十一、劉國政的接發球技術動作

劉國政：中國運動員，右手橫握球拍，弧圈球結合快攻打法，第 46 屆世乒賽團體冠軍主力隊員。比賽中，頭腦冷靜，具有頑強拼搏精神，戰術變化及時靈活。

下圖為劉國政接發球撇側的動作。

十二、楊影的接發球技術動作

楊影：中國運動員。右手直握球拍，正膠快攻打法。是國際乒壇一流女選手。其特點是正手高拋發球速度快、落點刁、變化多。接發球搶攻能力強，擺短質量高。

下圖是楊影在接發球中以短還短的技術動作。

註：以上圖片及文字材料均摘自 1999 年～2001 年各期《乒乓世界》雜誌。

主要參考文獻

1. 韓志忠、周建軍編著：《乒乓球理論與實踐方法探索》，雲南大學出版社，1995年10月。

2. 蘇丕仁編著：《乒乓球教學與訓練》，人民體育出版社，1995年5月。

3. 《乒乓世界》雜誌，1999、2000、2001年各期。

導引養生功

全系列為彩色圖解附教學光碟

張廣德養生著作　每冊定價350元

1 疏筋壯骨功+VCD
定價350元

2 導引保健功+VCD
定價350元

3 頤身九段錦+VCD
定價350元

4 九九還童功+VCD
定價350元

5 舒心平血功+VCD
定價350元

6 益氣養肺功+VCD
定價350元

7 養生太極扇+VCD
定價450元

8 養生太極棒+VCD
定價350元

9 導引養生形體詩韻+VCD
定價350元

10 四十九式經絡動功+VCD
定價350元

輕鬆學武術

1 二十四式太極拳+VCD
定價250元

2 四十二式太極拳+VCD
定價250元

3 八式十六式太極拳+VCD
定價250元

4 三十二式太極劍+VCD
定價250元

5 四十二式太極劍+VCD
定價250元

6 三十八式木蘭拳+VCD
定價250元

7 三十八式木蘭扇+VCD
定價250元

8 四十八式太極劍+VCD
定價250元

太極跤

1 太極防身術
定價300元

2 擒拿術
定價280元

3 中國式摔角
定價250元

彩色圖解太極武術

定價220元

定價220元

定價220元

定價220元

定價350元

定價350元

定價350元

定價350元

定價350元

定價350元

定價350元

定價350元

定價350元

定價220元

定價220元

定價220元

定價350元

定價220元

定價350元

定價350元

定價220元

定價220元

定價220元

養生保健 古今養生保健法 強身健體增加身體免疫力

運動精進叢書

定價200元

定價180元

定價180元

定價180元

定價220元

定價220元

定價230元

定價230元

定價230元

定價220元

定價230元

定價220元

定價220元

定價300元

定價280元

定價330元

定價230元

定價300元

定價230元

定價280元

定價350元

定價280元

定價280元

定價250元

定價220元

常見病藥膳調養叢書

傳統民俗療法

品冠文化出版社

太極武術教學光碟

太極功夫扇
五十二式太極扇
演示：李德印 等
(2VCD)中國

夕陽美太極功夫扇
五十六式太極扇
演示：李德印 等
(2VCD)中國

陳氏太極拳及其技擊法
演示：馬虹(10VCD)中國
陳氏太極拳勁道釋秘
拆拳講勁
演示：馬虹(8DVD)中國
推手技巧及功力訓練
演示：馬虹(4VCD)中國

陳氏太極拳新架一路
演示：陳正雷(1DVD)中國
陳氏太極拳新架二路
演示：陳正雷(1DVD)中國
陳氏太極拳老架一路
演示：陳正雷(1DVD)中國

陳氏太極拳老架二路
演示：陳正雷(1DVD)中國
陳氏太極推手
演示：陳正雷(1DVD)中國
陳氏太極單刀‧雙刀
演示：陳正雷(1DVD)中國

郭林新氣功
(8DVD)中國

本公司還有其他武術光碟
歡迎來電詢問或至網站查詢
電話：02-28236031
網址：www.dah-jaan.com.tw

原版教學光碟

歡迎至本公司購買書籍

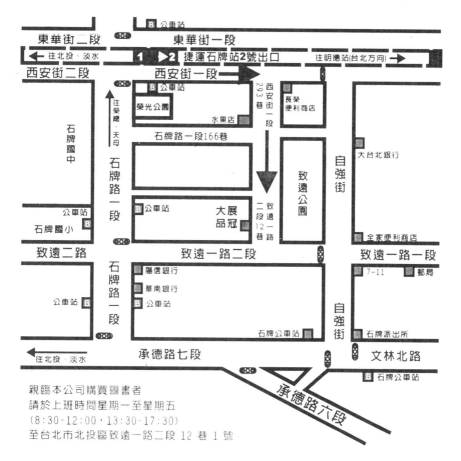

親臨本公司購買圖書者
請於上班時間星期一至星期五
(8:30~12:00，13:30~17:30)
至台北市北投區致遠一路二段 12 巷 1 號

建議路線
1.搭乘捷運・公車
　淡水線石牌捷運站2號出口出站(出站後靠右邊)，沿著捷運高架往台北方向走(往明德站方向)，其街名為西安街，約走100公尺(勿超過紅綠燈)，由西安街一段293巷進來(巷口有一公車站牌，站名為自強街口)，本公司位於致遠公園對面。搭公車者請於石牌站(石牌派出所)下車，走進自強街，遇致遠路口左轉，右手邊第一條巷子即為本社位置。

2.自行開車或騎車
　由承德路接石牌路，看到陽信銀行右轉，此條即為致遠一路二段，在遇到自強街(紅綠燈)前的巷子(致遠公園)左轉，即可看到本公司招牌。

國家圖書館出版品預行編目資料

乒乓球 發球與接發球／張良西 著
－初版－臺北市，大展，2002【民 91】
面；21 公分－（運動遊戲；20）
ISBN 978-957-468-164-8（平裝）

1. 桌球

528.956　　　　　　　　　　　　91014874

乒乓球 發球與接發球

著　　者／張良西
責任編輯／史　勇
發行人／蔡森明
出版者／大展出版社有限公司
社　　址／台北市北投區（石牌）致遠一路 2 段 12 巷 1 號
電　　話／(02) 28236031・28236033・28233123
傳　　真／(02) 28272069
郵政劃撥／01669551
網　　址／www.dah-jaan.com.tw
E-mail／service@dah-jaan.com.tw
登記證／局版臺業字第 2171 號
承印者／傳興印刷有限公司
裝　　訂／承安裝訂有限公司
排版者／弘益電腦排版有限公司
授權者／北京人民體育出版社
初版 1 刷／2002 年（民 91 年）10 月
初版 4 刷／2010 年（民 99 年）　8 月　　　　　　定　價／200 元

大展好書　好書大展

品嘗好書　冠群可期